高校情報Iを
ひとつひとつわかりやすく。

Gakken

☺ はじめに

　情報Ⅰの成績はバスタブ曲線になることがあります。成績はふつう，身長みたいなつりがね曲線になりますよね。平均身長あたりにたくさん人がいて，背が高くなったり低くなったりするごとに人が減っていきます。

　ところが情報Ⅰだと，「好きな人はとことん好きで，自宅でバリバリやってる」「嫌いなので，ふだんの生活でもできるだけ情報機器を使わずに過ごす」といったふうに，科目への向き合い方が人によってかなり割れています。科目としての歴史が浅かったり，履修する時間数が少ないこともこの傾向に拍車をかけているでしょう。

　この状況にはまっているクラスの場合，1つのクラスのなかに極端にできる人と，あまりやりたくない人が混在していて，かつ中くらいの成績の人が少ないことを意味するので，先生にとっても生徒にとってもけっこうやりにくい授業になっているかもしれません。

　この本は，あまりやりたくない人にとっては最小の努力で最大の得点効率をたたき出す，高コスパ低空飛行型試験対策書籍です。また，情報が好きな人には各種試験前の短時間最終確認用に使っていただけるよう作っています。

　現在の社会は，間違いなく情報社会になっています。法治国家において法律に詳しい人が得をするように，金融の世界で経済をよく知る人が儲かるように，情報社会では情報を使いこなせる人が力を持ちます。

　単に情報の授業でいい点を取るだけでなく，人生の可能性や選択肢をひろげるために，この本で学んだ知識・技術を使ってもらえたら嬉しいです！

中央大学　国際情報学部　教授
政策文化総合研究所　所長
岡嶋裕史

☺ この本の使い方

1回15分，読む→解く→わかる！

1回分の学習は2ページです。毎日少しずつ学習を進めましょう。

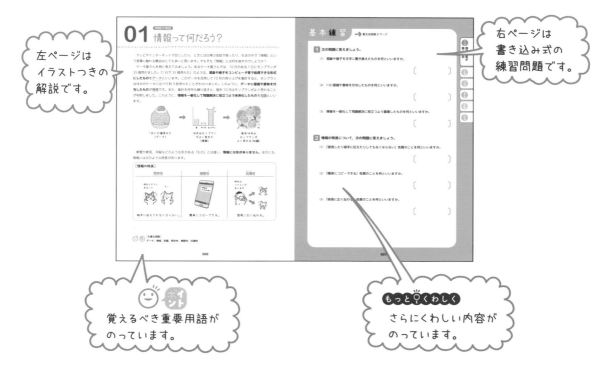

左ページは
イラストつきの
解説です。

右ページは
書き込み式の
練習問題です。

☺ 外
覚えるべき重要用語が
のっています。

もっと くわしく
さらにくわしい内容が
のっています。

答え合わせも簡単・わかりやすい！

解答は本体に軽くのりづけしてあるので，引っぱって取り
外してください。問題とセットで答えが印刷してあるので，
簡単に答え合わせできます。

復習テストで，テストの点数アップ！

各分野のあとに，これまで学習した内容を確認するための
「復習テスト」があります。

もくじ　情報Ⅰ

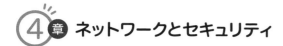

01 情報って何だろう？

テレビやインターネットで目にしたり，ときには日常の会話で使ったり，生活の中で「情報」という言葉に触れる機会はとても多いと思います。そもそも「情報」とは何を指すのでしょうか？

ケーキ屋さんを例に考えてみましょう。あるケーキ屋さんでは，10月のある1日にモンブランが35個売れました。「1日で35個売れた」のような，**現象や様子をコンピュータ等で処理できる形式にしたもの**をデータといいます。このデータを活用して10月の売り上げを集計すると，モンブランはほかのケーキに比べて約3倍売れたことがわかりました。このように，**データに価値や意味を付与したもの**が情報です。また，集計を何年も繰り返すと，毎年10月はモンブランがよく売れることが判明しました。このように，**情報を一般化して問題解決に役立つよう体系化したもの**を知識といいます。

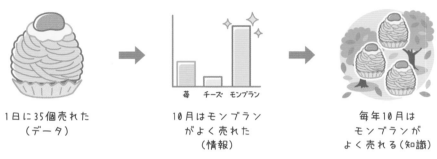

1日に35個売れた
（データ）

10月はモンブラン
がよく売れた
（情報）

毎年10月は
モンブランが
よく売れる（知識）

家電や家具，洋服などのような形がある「もの」とは違い，**情報には形がありません**。ほかにも，情報には次のような特長があります。

【情報の特長】

残存性	複製性	伝播性
相手に伝えてもなくならない。	簡単にコピーできる。	容易に広く伝わる。

【大事な用語】
データ，情報，知識，残存性，複製性，伝播性

基本練習

→ 答えは別冊2ページ

1 次の問題に答えましょう。

(1) 現象や様子を文字に置き換えたものを何といいますか。

〔　　　　　　　　　〕

(2) (1)に価値や意味を付与したものを何といいますか。

〔　　　　　　　　　〕

(3) 情報を一般化して問題解決に役立つよう蓄積したものを何といいますか。

〔　　　　　　　　　〕

2 情報の特長について，次の問題に答えましょう。

(1) 「使用したり相手に伝えたりしてもなくならない」性質のことを何といいますか。

〔　　　　　　　　　〕

(2) 「簡単にコピーできる」性質のことを何といいますか。

〔　　　　　　　　　〕

(3) 「容易に広く伝わる」性質のことを何といいますか。

〔　　　　　　　　　〕

02 人間社会における技術の発展

現代の社会では，家族や友人とメールをしたり Web サイトで天気やニュースなどの情報をチェックしたりするように，多くの情報をさまざまな人と容易にやりとりできます。これはコンピュータや**インターネット**の発達によるものです。ただし，多くの情報を高速にやりとりできる社会になったのは，人間社会の長い歴史の中ではごく最近のことです。

うわ，明日雨なんだ…

もともと，人間は動物を狩ったり魚を捕まえたりして暮らしていました。これを**狩猟社会**といいます。その後，農作物を栽培して生活する**農耕社会**が訪れ，さらに 18 世紀なかばには，**産業革命**をきっかけに工場などで機械を使って商品を大量に製造して消費する**工業社会**が形成されました。そして 20 世紀なかばからは，情報のやりとりが人間の営みの中心となる**情報社会**が到来しています。

このように人間社会は，**人間の知恵と工夫によって**，人間がより使いやすく，より便利に生活できるように進化してきました。そしてこの先，ロボットや人工知能といった技術を取り入れた，さらに**新しい情報社会**が訪れようとしています。

狩猟社会

農耕社会

工業社会
・産業革命
・第2次産業革命

情報社会
・第3次産業革命

新しい情報社会
・第4次産業革命

人間社会は，ここ200〜300年の間に急速に発展したんだね。

【大事な用語】
狩猟社会，農耕社会，産業革命，工業社会，情報社会，新しい情報社会，Society5.0

基 本 練 習

→ 答えは別冊 2 ページ

1 次の問題に答えましょう。

(1) 動物を狩ったり魚を捕まえたりして生活していた社会のことを何といいますか。

〔　　　　　　　　　　　〕

(2) 農作物を栽培して生活していた社会のことを何といいますか。

〔　　　　　　　　　　　〕

(3) 工場などで機械を使って商品を大量に製造して消費する社会のことを何といいますか。

〔　　　　　　　　　　　〕

(4) 農耕社会から工業社会への転換のきっかけになった社会の変化を何といいますか。

〔　　　　　　　　　　　〕

(5) コンピュータやインターネットの発達により，情報のやりとりが人間の営みの中心と
なった社会のことを何といいますか。

〔　　　　　　　　　　　〕

もっとくわしく

社会の目指すべき姿である「Society 5.0」

　コンピュータやインターネットを利用した現在の社会から，さらに新しい情報社会が訪れつつある現在，この新しい社会は国が目指すべき姿として Society 5.0 という名称で提唱されています。
　Society 5.0 は「現実の空間とネットワークによって構築された仮想的な空間を高度に融合した，人間中心の社会」と定義づけられており，具体的には，ロボットや自動運転の普及によって年齢や障害などにとらわれずに働けるようにする，などが挙げられます。なお Society 5.0 では，狩猟社会から情報社会までの発展を，Society 1.0，2.0，3.0，4.0 という名称で定義しています。

03 創作物の利用ルール①〜知的財産権

　人間の知的創作活動によって生み出されたものを**知的財産**といいます。文章や音楽，発明，デザインのほか，映画や写真，コンピュータプログラム，商標，ダンスの振り付け，芸術性が高い建築物なども含まれます。**形ある「もの」ではないが，財産として価値を認められているものが知的財産といえる**のです。

　現在の情報社会では，あらゆる人がインターネットを通して多くの知的財産にアクセスできるようになっています。そのため，より一層知的財産に関するルールを遵守する重要性が高まっています。

　知的財産を保護するために，創作を行った人（創作者）に与えられる権利を**知的財産権**といいます。知的財産権には，商標などの産業や研究開発に関する**産業財産権**と，文章や絵といった文化に関する**著作権**があります。産業財産権は，特許庁に届けて認められれば権利が発生する**方式主義**であり，著作権は，届け出や登録が不要で，創作した時点で権利が発生する**無方式主義**です。

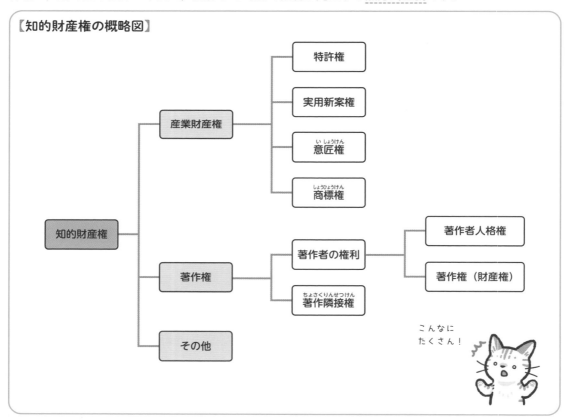

【知的財産権の概略図】

- 知的財産権
  - 産業財産権
    - 特許権
    - 実用新案権
    - 意匠権（いしょうけん）
    - 商標権（しょうひょうけん）
  - 著作権
    - 著作者の権利
      - 著作者人格権
      - 著作権（財産権）
    - 著作隣接権（ちょさくりんせつけん）
  - その他

こんなにたくさん！

【大事な用語】
知的財産，知的財産権，産業財産権，著作権，方式主義，無方式主義

基 本 練 習

➡ 答えは別冊 2 ページ

1 知的財産の説明として最も適切なものを，次のア〜エから選び，記号で答えましょう。

ア　家電や家具，洋服といったあらゆる製品のことである。

イ　土地や貴金属などの物質的な財産ではないが，財産として価値のあるもの。

ウ　発明やデザインなどは含まれない。

エ　各家庭で持っている資産のこと。

〔　　　　　〕

2 知的財産を保護するために，創作を行った人（創作者）に与えられる権利を何といいますか。

〔　　　　　　　　　　〕

3 次の〔　　　〕にあてはまる語句を答えましょう。

知的財産権には，産業や研究開発に関する〔　　　　　　　　　　〕と，文章や絵といった文化に関する〔　　　　　　　　　〕があります。

4 次の〔　　　〕にあてはまる語句を答えましょう。

産業財産権は特許庁に届けて認められれば権利が発生します。これを

〔　　　　　　　　　〕といいます。一方，知的財産権のひとつである著作権は，届け出や登録が不要で，創作した時点で権利が発生します。これを〔　　　　　　　　〕といいます。

04 産業財産権
創作物の利用ルール②〜産業財産権

　産業財産権は，知的財産権のうち，産業や研究開発に関する権利のことです。新しい技術や発明，新しいデザインなどを一定期間独占的に使用できるようにすることで，模倣の防止や産業の発展を目的として制定されました。産業財産権には**特許権**，**実用新案権**，**意匠権**，**商標権**があります。

【産業財産権の種類】

名称	内容	保護される期間
特許権	新しい技術や発明を保護する。	出願から 20 年
実用新案権	形状や配置といった構造を保護する。特許権ほど高度ではなく，ライフサイクルは短いものが対象。	出願から 10 年
意匠権	形状や色といったデザインを保護する。	出願から 25 年
商標権	商品やサービスを識別するためのマークを保護する。	登録から 10 年（更新あり）

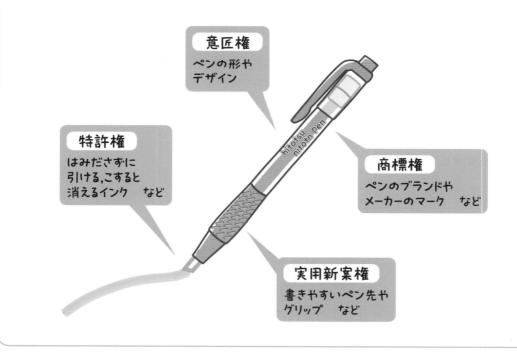

意匠権
ペンの形や
デザイン

特許権
はみださずに
引ける,こすると
消えるインク　など

商標権
ペンのブランドや
メーカーのマーク　など

実用新案権
書きやすいペン先や
グリップ　など

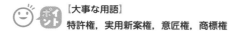
［大事な用語］
特許権，実用新案権，意匠権，商標権

基本練習

→ 答えは別冊2ページ

1 産業財産権について，次の問題に答えましょう。

(1) 産業財産権のうち，新しい技術や発明を保護するための権利を何といいますか。

〔　　　　　　　　　　〕

(2) (1)の権利が保護される期間は，出願から何年でしょうか。

〔　　　　　　　　　　〕

(3) 産業財産権のうち，形状や配置といった構造を保護するための権利を何といいますか。

〔　　　　　　　　　　〕

(4) 産業財産権のうち，形状や色といったデザインを保護するための権利を何といいますか。

〔　　　　　　　　　　〕

(5) 産業財産権のうち，商品やサービスを識別するためのマークを保護するための権利を何といいますか。

〔　　　　　　　　　　〕

(6) 産業財産権のうち，保護期間の登録を更新することが可能な権利は何でしょうか。

〔　　　　　　　　　　〕

05 著作権 創作物の利用ルール③〜著作権

　著作権とは，知的財産権のうち，文章や絵といった文化に関する権利のことでした。この著作権は著作者の権利と著作隣接権に分けられ，前者は**著作者人格権**と**著作権（財産権）**から成り立ちます。

　著作者人格権は，著作者（著作物を創作した人）の人格を保護するためのものです。具体的には，氏名を表示するかどうかを決めたり，創作物を勝手に変更できないようにしたりする権利を与えます。

　一方，**著作権（財産権）は著作者の財産を保護するためのもの**です。具体的には，著作物の上演や演奏を制限する権利を与えます。著作者人格権と著作権（財産権）にはそれぞれ，主に以下の権利が含まれます。

【著作者の権利】

著作者人格権	公表権	未発表の著作物を発表するかどうかを決める権利
	氏名表示権	著作者として氏名を公開するかどうかを決める権利
	同一性保持権	著作者の意図に沿わない変更を制限する権利
著作権（財産権）	複製権	著作物を印刷や録音，録画などにより複製する権利
	上演権・演奏権・上映権	著作物を公で上演や演奏，上映する権利
	公衆送信権	著作物を公で送信したり伝達したりする権利
	口述権	著作物を公で口述する（読み上げる）権利

　ただし，著作権は人が作ったものを使ってはいけないと一律に制限するものではありません。著作者から許可さえもらえれば，その内容に従って利用できます。あくまで「**人が作ったものを使うにはルールに従う必要がある**」制度であることを押さえておきましょう。

　なお，著作者人格権は著作者が死亡したら消滅します。一方で著作権（財産権）は，基本的に著作者が創作してから著作者の死後 **70 年間**存続します。このように著作権が存続する期間のことを**保護期間**といいます。これは，一定期間経過した著作物は社会全体の共有財産とし，自由に利用できるようにすることが目的です。

　【大事な用語】
著作者人格権，著作権（財産権），保護期間

基本練習

→ 答えは別冊 3 ページ

1 次の〔　　　〕にあてはまる語句や数字を答えましょう。

著作権は，大きく〔 ア 　　　　〕と〔 イ 　　　　　　〕に分けられ，〔 ア 〕は〔 ウ 　　　　　　〕と著作権（財産権）から成り立ちます。著作権（財産権）は，基本的に著作者が創作したときに発生し，著作者の死後〔 エ 　　　〕年間存続します。このように，著作権が存続する期間のことを〔 オ 　　　　〕といいます。

2 著作権上問題がないものを，次のア～エからすべて選び，記号で答えましょう。

ア　レポートを書く際の参考資料として，図書館にある書籍を一部，コピー機で印刷した。

イ　著名な作家の小説を無断で，営利目的で上演した。

ウ　録画したテレビ番組を，無断で動画共有サイトにアップロードした。

エ　友人が描いたイラストを，友人から使用許可をもらって，文化祭のポスターに利用した。

〔　　　　　　　〕

もっとくわしく

著作物を自由に使えるケース

　著作者に許諾を得ずに著作物を利用できるケースもあります。これを，**例外規定**といいます。例外規定には，私的使用のための複製や，営利を目的としない上演などがあります。たとえば，あくまで個人的な学習のために書籍をコピーするのは「私的使用のための複製」，文化祭で劇を上演するのは「営利を目的としない上演」です。

　また，条件つきで自分の著作物の中で他人の著作物を利用すること（**引用**）も例外規定にあたります。なお引用には，いくつかのルールがあります。

(1) 他人の著作物を利用する必然性があること。

(2) 「」で囲むなど，自分の著作物と引用部分とが区別されていること。

(3) 自分の著作物と引用する著作物との主従関係が明確であること（自分の著作物が主体）。

(4) 出所の明示がなされていること。

【引用元】文化庁 - 著作物が自由に使える場合：
https://www.bunka.go.jp/seisaku/chosakuken/seidokaisetsu/gaiyo/chosakubutsu_jiyu.html

06 個人情報とプライバシー
個人情報の取り扱いには要注意

　現在の社会には，商品の購買履歴や健康診断の記録，図書館の貸し出し記録など，個人に関するさまざまな情報であふれています。このような生存する個人に関する情報で，そこに含まれる氏名や生年月日などによってある個人を特定できるもののことを**個人情報**といいます。そのうち，特に行政などで個人を特定するために必要とされる，氏名，住所，性別，生年月日を**基本四情報**といいます。

　氏名や住所といった情報1つだけでは個人を特定できない場合もありますが，複数の情報を組み合わせると，個人を特定できる可能性が高まります。たとえば，SNSに個人を特定できる情報を書き込んでいないつもりでも，フォロワーをたどったり複数の書き込みを照らし合わせたりすることで個人が特定され，情報を悪用される可能性もあります。また，写真や動画などには**ジオタグ**と呼ばれる位置情報（経度と緯度）が埋め込まれている場合があり，これも個人を特定する手がかりになり得ます。そのため，個人に関する情報を適切に管理することはとても重要です。

近所の遊園地に行ったよ！

寄り道しました！

個人情報がバレちゃうよ

　個人情報を取り扱う事業者や行政機関に対して，個人情報の取り扱いを定めた法律を**個人情報保護法**といいます。コンピュータやインターネットの普及に伴い個人情報の利用が拡大している背景から，個人の権利や利益の保護を目的に制定されました。個人情報保護法では基本四情報のほか，虹彩や指紋といった**生体情報**，マイナンバーや旅券番号，運転免許証番号といった**個人識別符号**も個人を特定できる情報として定められています。また，人種や社会的身分，犯罪歴といった情報は**要配慮個人情報**と呼ばれ，取り扱いには特に注意が必要です。

　また，私たちは他人に知られたり干渉されたりしない，個人の私生活上の自由を持っていて，これを**プライバシー**といいます。プライバシーには，勝手に写真を撮られたり自分の写真を勝手に使われたりしない権利（**肖像権**）や，著名人が名前や写真を勝手に使われない権利（**パブリシティ権**）があります。これらの権利は，法律として規定されているわけではないものの，過去の裁判の判決で認められている権利ですので，取り扱いに注意しましょう。

[大事な用語]
個人情報，基本四情報，ジオタグ，個人情報保護法，個人識別符号，要配慮個人情報，プライバシー，肖像権，パブリシティ権

基本練習

答えは別冊 3 ページ

1 個人情報における「基本四情報」を，次のア〜クから選び，記号で答えましょう。

ア 氏名 　　イ 住所 　　ウ 電話番号 　　エ 顔写真

オ 性別 　　カ 生年月日 　　キ 血液型 　　ク 学歴

〔　　　　　　　　　　〕

2 写真や動画などに埋め込まれている位置情報（経度と緯度）のことを何といいますか。

3 個人情報保護法の説明として最も適切なものを，次のア〜エから選び，記号で答えましょう。

ア 個人情報には，マイナンバーは含まれない。

イ 個人情報には，虹彩や指紋といった生体情報は含まれない。

ウ 個人情報を取り扱う事業者や行政機関に対して，個人情報の取り扱いを定めた法律。

エ 個人情報を扱わないことを推奨するために制定された法律。

〔　　　〕

4 勝手に写真を撮られたり自分の写真を勝手に使われたりしない権利を何といいますか。

5 著名人が名前や写真を勝手に使われない権利を何といいますか。

07 情報技術が築いている社会

情報システム

現代の社会におけるしくみの多くは，**情報システム**によって支えられています。情報システムとは，いろいろな役割を担うコンピュータ間をネットワークでつないで互いに連携させることで，何かしらの機能やサービスを提供するものです。

たとえば，スーパーマーケットやコンビニエンスストアで使われている**POS システム（Point Of Sales System）**は情報システムのひとつです。POS システムは誰がどの商品をいつ購入したか，という情報を記録しています。この情報は，どの商品をいつどの店舗に補充するべきかを決めるのに役立てられています。常にたくさんの商品が陳列されているスーパーやコンビニエンスストアの裏では，この POS システムが大活躍しています。

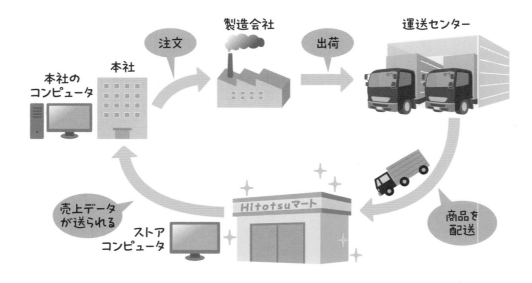

POS システム以外にも，現在の社会では多くの情報システムが活用されています。たとえば，銀行の ATM やインターネットショッピング，コンサートチケットの販売サイトなども情報システムのひとつです。また近ごろでは，**電子マネー**が広く普及しています。電子マネーとは**貨幣の価値をデジタルデータで表したもの**で，電子マネーを用いた決済を**電子決済**といいます。電子マネーには IC 型やネットワーク型などがあり，実際の貨幣を店舗の人と直接やりとりしないので，利便性が高い決済方法として活用されています。

【大事な用語】
情報システム，POSシステム，電子マネー，電子決済

基 本 練 習

➡ 答えは別冊 3 ページ

1 次の問題に答えましょう。

(1) いろいろな役割を担うコンピュータ間をネットワークでつないで互いに連携させることで，機能やサービスを提供するものを何といいますか。

〔　　　　　　　　　〕

(2) スーパーやコンビニエンスストアで誰がどの商品をいつ購入したか，という情報を記録するシステムのことを何といいますか。

〔　　　　　　　　　〕

(3) 貨幣の価値をデジタルデータで表したものを何といいますか。

〔　　　　　　　　　〕

(4) (3)を用いた決済を何といいますか。

〔　　　　　　　　　〕

もっと くわしく

クラウドコンピューティング

　近年，**クラウドコンピューティング（クラウド）** と呼ばれるサービス形態が増えています。クラウドとは，何らかの機能を提供するコンピュータやデータを保存する場所（ストレージ）をインターネット経由で利用できるようにしたサービスのことです。代表的な例としては，画像や写真をインターネット上に保存できるストレージサービスや，Web ブラウザ上でメールが送受信できるメールサービスなどがあります。ほかの人との共有の容易さや，複数の媒体で同じサービスを閲覧できる利便性などから，現在の社会を支えている情報技術のひとつです。

　ちなみにクラウドとは，英語で「雲」の意味です。由来には諸説ありますが，使う側からだと本体が見えず，サービスがインターネット上で雲のように広がるイメージから名付けられたそうです。

08 情報技術がもたらす「未来」

新しい情報技術

　現在の情報社会では高度で便利な技術が次々と開発されており，それらの技術によって新たな社会が生まれつつあります。どんな技術が注目されているのか，いくつか解説しましょう。

　これらの技術はまだ発展途上ではありますが，将来的にはより広く普及することが予想されます。この技術を使うとどんな社会が実現できるのか，考えてみるとよいでしょう。

【人工知能（AI）】

　判断や認識といった知能をコンピュータで人工的に模倣した技術。**機械学習や深層学習の進展により，画像認識や音声認識の精度が向上**し，スマートフォンの音声検索機能や車の自動運転機能などの技術に活かされている。

【IoT】

　あらゆる「もの」をインターネットにつなぎ，相互に通信ができる技術。例えば，外出先から家のエアコンやお風呂を操作するといったことが可能となる。また家の中だけでなく，IoTによって膨大なデータ（ビッグデータ）を集めることができ，これを人工知能で分析することで経営方針やマーケティングなどの意思決定に役立てられている。

家のエアコン
ONにしておこう

【VRとAR】

　VRとはコンピュータによって仮想的な空間や映像を作り出す技術であり，**ARとはコンピュータによって現実の環境に情報を追加して現実を拡張する技術**である。VRはゲームを始めとして活用されることが多く，ARはECサイトなどで机やいすなどを購入する際に活用されることが多い。

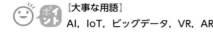

【大事な用語】
AI，IoT，ビッグデータ，VR，AR

基 本 練 習

答えは別冊 3 ページ

1 次の問題に答えましょう。

(1) 判断や認識といった知能をコンピュータで人工的に再現する技術のことを何といいますか。

〔　　　　　　　　〕

(2) あらゆる「もの」をインターネットにつなぐことで，インターネット経由での制御を行えるようにする技術のことを何といいますか。

〔　　　　　　　　〕

(3) スマートフォンの普及などによって収集できるようになった，さまざまな性質を持った膨大なデータのことを何といいますか。

〔　　　　　　　　〕

(4) コンピュータによって仮想的な空間や映像を作り出す技術のことを何といいますか。

〔　　　　　　　　〕

(5) コンピュータが現実の環境にさまざまな情報を与えて現実を拡張する技術のことを何といいますか。

〔　　　　　　　　〕

09 情報技術がもたらす「影」

情報技術の発展によって，私たちの生活はとても便利で豊かなものになりました。その一方で，情報技術がもたらす弊害も明らかになってきました。

たとえば，情報機器を長時間使用することで生じる目や肩の疲れや，コンピュータを使いこなせない不安などの，肉体的・精神的なストレスを**テクノストレス**といいます。

また，スマートフォンやSNSの普及により，食事や勉強の際にもついスマートフォンを触ってしまったり，通知が来ていないかをすぐに確認してしまったりすることがあるでしょう。このように，**インターネットに夢中になってしまい，日常生活に支障をきたしている状態のこと**を**インターネット依存（ネット依存）**といいます。

そのほかに，**デジタルデバイド（情報格差）**という問題もあります。これは，情報技術を利用できる人とできない人に生じてしまう格差のことです。たとえば，インターネットに接続する環境の有無や，パソコンやスマートフォンなどの情報端末を所持しているかどうかによって，取得できる情報の量や情報を発信できる機会は異なります。この格差は日本だけではなく，国際的な課題にもなっています。デジタルデバイドを認識し，情報技術を利用できない人へ配慮することが重要です。

このコードを
読み込んで注文する
のか！

ご注文は以下のコードから
↓ ↓ ↓

スマートフォン
持ってないよ…

[大事な用語]
テクノストレス，インターネット依存（ネット依存），デジタルデバイド（情報格差）

基本練習

→ 答えは別冊 4 ページ

1 次の問題に答えましょう。

(1) 情報機器を長時間使用することで生じる目や肩の疲れや，コンピュータを使いこなせないことで感じてしまうストレスのことを何といいますか。

〔　　　　　　　　　　　　　〕

(2) インターネットに夢中になってしまい，日常生活に支障をきたしている状態を何といいますか。

〔　　　　　　　　　　　　　〕

2 デジタルデバイドが発生している例として最も適切なものを，次のア〜エから選び，記号で答えましょう。

ア　あるクラスでは通学に 10 分しかかからない人と 1 時間かかる人がいる。

イ　あるクラスでは，自宅にインターネット接続環境がある生徒とない生徒がいる。

ウ　あるスーパーでは特売品の情報を店内にあるチラシと Web サイトの双方で公開している。

エ　ある不動産会社では，不動産についての問い合わせを電話と来店でのみ受け付けている。

〔　　　〕

➡ 答えは別冊18ページ

得点

／100点

1章 情報技術が築く社会

1

次の①～③はそれぞれ，情報のどの特徴によるものか。次のア～ウからそれぞれ選び，記号で答えなさい。

【各8点 計24点】

① 複数のクラスメイトに，集合場所への地図をスマートフォンによって連絡した。

② 先月のHRの議事録ファイルをパソコン上でコピーして，コピーしたファイルを元に今月のHRの議事録を作成した。

③ SNSで発信した情報を削除しようとしたが，すでに多くの人に広がっていたので，削除することが困難だった。

ア 情報の残存性　　イ 情報の複製性　　ウ 情報の伝播性

①：〔　　　　〕　②：〔　　　　〕　③：〔　　　　〕

2

次の①～③はそれぞれ，産業財産権のどの権利で保護されるものか。次のア～ウからそれぞれ選び，記号で答えなさい。

【各8点 計24点】

① スマートフォンに記載されている，電話機メーカーのロゴマーク。

② スマートフォンに搭載されている，長寿命で小型化されたリチウムイオン電池。

③ スマートフォンのボタンの配置や色といった，機種のデザイン。

ア 特許権　　イ 意匠権　　ウ 商標権

①：〔　　　　〕　②：〔　　　　〕　③：〔　　　　〕

3

知的財産権の説明として最も適切なものを，次のア～エから選び，記号で答えなさい。

【16点】

ア　著作権は，特許庁に届けてそれが認められれば発生する権利である。

イ　産業財産権は，イラストや小説といった文化に関する権利である。

ウ　著作者の権利は，著作者人格権と著作権（財産権）から成り立っている。

エ　実用新案権は，新しい発明や技術を保護するものであり，特許権と比べてライフサイクルが長いものが対象である。

〔　　　　　〕

4

以下の文書では，引用に関する問題点が存在する。次のア～エから選び，記号で答えなさい。

【20点】

> 　知的財産制度の概要をある Web サイトから引用すると，「知的財産権制度とは，知的創造活動によって生み出されたものを，創作した人の財産として保護するための制度」とある。
> 　昨今では，知的財産をインターネットで簡単に多くの人と共有できるため，改めて知的財産について考え，他人の創作物を利用する際に問題がないことを考えることが必要不可欠だと思う。

ア　自分の著作物と引用部分とが区別されていないこと。

イ　出所が明記されていないこと。

ウ　自分の著作物内に他人が作った著作物を掲載していること。

エ　引用した内容に関して自分の意見を述べていること。

〔　　　　　〕

5

プライバシーに関する説明として最も適切なものを，次のア～エから選び，記号で答えなさい。

【16点】

ア　プライバシーは法律で制定された権利である。

イ　ものの構造や形状を保護するための権利を肖像権という。

ウ　著名人が名前や写真を勝手に使われないための権利をパブリシティ権という。

エ　友人が写った写真を SNS に掲載する際，友人の許可を取る必要はない。

〔　　　　　〕

10 さまざまなメディアの特性とは？

　私たちは日ごろから，テレビや雑誌，ラジオ，Web サイト，ニュースアプリなど多彩な手段を利用してさまざまな情報を得ています。このような情報を伝えるための媒体や仲介役のことを**メディア**といいます。メディアにはテレビや雑誌などだけではなく，電話やメール，紙や CD など情報を伝える過程にかかわるあらゆるものが含まれ，大きく以下のように分類されています。

【メディアの分類】

伝達メディア	表現メディア	記録メディア

テレビや雑誌，Web サイト，電話といった，**情報を伝達する**メディアのこと。	文字や画像，音声といった，**情報を表現する**メディアのこと。	紙や CD，DVD，USB メモリといった，**情報を記録する**メディアのこと。

　メディアにはそれぞれの特性があります。たとえば，文字は様子や状況を詳細に伝えるのに向いていますし，動画はスポーツやダンスなどの動きがある情報を伝えるのに向いています。また，急ぎの用事であれば電話で伝えるのがよいですし，仕事の契約といった重要な情報は，電話などではなく文字で残したほうがよいでしょう。このようにコミュニケーションする際は，内容や伝える相手に合わせて適切なメディアを選択することが重要です。

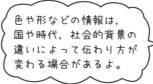

色や形などの情報は，国や時代，社会的背景の違いによって伝わり方が変わる場合があるよ。

【大事な用語】
メディア，伝達メディア，表現メディア，記録メディア

基 本 練 習

→ 答えは別冊4ページ

1 情報を伝えるための媒体や仲介役のことを何といいますか。

〔　　　　　　　　　〕

2 次の表は，伝達メディア，表現メディア，記録メディアの具体例をまとめたものです。
①～③として適切なものを，次のア～カから2つずつ選び，記号で答えましょう。

伝達メディア	①
表現メディア	②
記録メディア	③

ア　USBメモリ　　イ　音声　　ウ　紙
エ　書籍　　　　　オ　文字　　カ　チラシ

①：〔　　　　〕　　②：〔　　　　〕　　③：〔　　　　〕

3 次の情報を伝えるために適しているメディアをそれぞれ答えましょう。

① 仕事の契約といった重要な情報　　〔　　　　　〕

② スポーツやダンスのような動きがある情報　　〔　　　　　〕

③ 急ぎで伝えるべき情報　　〔　　　　　〕

11 メディアの発展
メディアは多くの発展を遂げてきた

　大昔の人類は，声やジェスチャー（身振り）で情報を発信していました。やがて文字が発明され，情報を長期にわたって残せるようになりました。さらに，紙と印刷技術の発明により，情報を多くの人に伝えられるようになります。そして電話やラジオ，テレビなどの発明により，離れたところにいる相手にも瞬時に情報を伝えられるようになりました。このように，より多くの人へ，より迅速に情報を届けられるように，メディアは進化してきたのです。

声やジェスチャー　　文字　　紙と印刷技術　　電話やラジオ、テレビ

　なお，ラジオやテレビ，書籍のように，特定の発信者が不特定多数に対して一方通行で情報を発信するメディアのことを**マスメディア**といいます。

　20世紀の後半に入るとインターネットが登場し，電子掲示板やブログ，SNS，動画共有サイトなどが普及しました。このような，インターネット上で不特定多数の発信者が双方向に情報発信を行うことで作り上げられるメディアを**ソーシャルメディア**といいます。

マスメディア　　ソーシャルメディア

確かに，SNSはいろいろな人がお互いに発信しているよね。

　ソーシャルメディアの普及により，新聞社やテレビ局などのマスメディアに限らず，誰もが情報発信をできる時代になりました。一方，それゆえに誤りのある情報や内容に偏りがある情報，**フェイクニュース**（嘘のニュース）も多く発信されています。そのため，受け取った情報をそのまま信じるのではなく，**情報の信ぴょう性を確認することが重要**です。確認には，複数のメディアから得た情報を照らし合わせる**クロスチェック**が有効です。

　情報社会では，適切なメディアを使い分けたり，取得した情報の信ぴょう性を調査したり，その情報を活用したりする力が強く求められます。この力のことを**メディアリテラシー**といいます。

［大事な用語］
マスメディア，ソーシャルメディア，フェイクニュース，クロスチェック，メディアリテラシー

基本練習

→ 答えは別冊4ページ

1 特定の発信者が不特定多数に対して一方通行で情報を発信するメディアを何といいますか。

〔　　　　　　　　　〕

2 インターネット上で不特定多数の発信者が双方向に情報発信を行うことで作り上げられるメディアを何といいますか。

〔　　　　　　　　　〕

3 メディアを通じて取得した情報の信ぴょう性を調査したり，その情報を活用したりする力を何といいますか。

〔　　　　　　　　　〕

4 次のア〜エのメディアを，マスメディアとソーシャルメディアのどちらかに分類しましょう。

ア　SNS
イ　テレビ
ウ　雑誌
エ　電子掲示板

マスメディア：〔　　　　　〕　　　ソーシャルメディア：〔　　　　　〕

5 次のア〜エのメディアを，誕生した順番に並べましょう。

ア　インターネット
イ　紙
ウ　文字
エ　テレビ

〔　　　　〕→〔　　　　〕→〔　　　　〕→〔　　　　〕

12 コミュニケーションの形態
コミュニケーションを分類すると？

　私たちは日々，たくさんの人と意思疎通しながら生活をしています。たとえば学校では，先生に勉強を教えてもらったり，友人とおしゃべりをしたり，部活動の先輩とやりとりをしたりするでしょう。人間にはテレパシー能力がないので，互いに感情や情報を伝え合うこと，つまり**コミュニケーション**が必要なのです。コミュニケーションとは，ただ情報を伝えるだけのことではありません。**やりとりをすることで意見を共有し，互いを理解すること**を指します。

　コミュニケーションの形態は，人数によって以下に分類できます。

> コミュニケーションは
> お互いの理解が大切！

【コミュニケーションの形態】

1 対 1

1 対 1 で互いに情報を共有・発信する。

例：家族や友人とのおしゃべり

1 対 多数

1 人が多数の人に向けて情報を発信する。

例：授業や全校朝礼

多数 対 1

多数の人が 1 人に向けて情報を発信する。

例：街頭調査やアンケート

多数 対 多数

多数の人が互いに情報を発信する。

例：会議やグループディスカッション

【大事な用語】
コミュニケーション

基本練習　　➡ 答えは別冊 4 ページ

1 次の〔　　　　〕にあてはまる，コミュニケーションの形態を答えましょう。

　コミュニケーションの形態を発信者と受信者の人数によって分類する場合，たとえば，街

頭調査やアンケートは〔　　　　　　　　　〕，会議やグループディスカッションは

〔　　　　　　　　　〕に分類されます。

「もっとくわしく」を読んでチャレンジ！

2 以下の表はコミュニケーションの分類を示したものです。この表の①〜④にあては
まるコミュニケーションの例を，次のア〜エから選び，記号で答えましょう。

	同期的	非同期的
1 対 1	①	②
1 対 多数	③	④

ア　A さんが B さんに電話した。

イ　スケートの試合をテレビの生中継で観た。

ウ　C さんが動画共有サイトにアップロードした動画を観た。

エ　チャットアプリを使って，D さんが E さんにメッセージを送信した。

①:〔　　　〕②:〔　　　〕③:〔　　　〕④:〔　　　〕

もっとくわしく

コミュニケーションのほかの分類

　コミュニケーションの分類には，人数によって分類する以外に，相手からの反応速度によって分類する方法もあります。電話やビデオ通話といった相手からすぐに反応があるものを**同期コミュニケーション**といい，メールや Web サイトといった相手からの反応がリアルタイムに得られないものを**非同期コミュニケーション**といいます。このように，コミュニケーションの方法はいろいろあるので，内容や相手に応じてどの方法が適しているかを考える必要があります。

13 インターネットのコミュニケーション

【コミュニケーションの特徴】

現在の社会では，掲示板やブログ，SNS といったソーシャルメディアでのコミュニケーションが盛んです。このようなインターネット上のコミュニケーションには，主に以下の特徴があります。

【匿名性】

インターネットでは，氏名や住所といった個人情報を隠したまま情報のやりとりが行えます。この性質を**匿名性**といいます。たとえば SNS を使うと，実名を知らない人と友達になったり，情報交換したりすることができますね。匿名性があるおかげで，年齢や通っている学校といった，立場にとらわれない情報発信や交流がしやすくなっています。

一方，p.28 でも述べたように，匿名性は誤りや偏りがある情報が発信される原因でもあるので，情報の信ぴょう性を確認することが重要です。

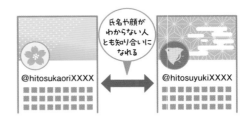

【記録性】

インターネットでの情報発信は匿名で行えますが，常に記録は残っています。そのため，その記録を調べれば発信者の特定が可能なケースがあります。これが**記録性**です。

ブログや SNS で誹謗中傷の被害にあった場合に，発信者の氏名や住所などの情報提供をプロバイダに求められるようにした法律を**プロバイダ責任制限法**といいます。**プロバイダ（ISP）**とは，自宅や学校をインターネットにつなげる事業者のことです。また，プロバイダに対して，発信者の情報提供を求めることを**開示請求**といいます。

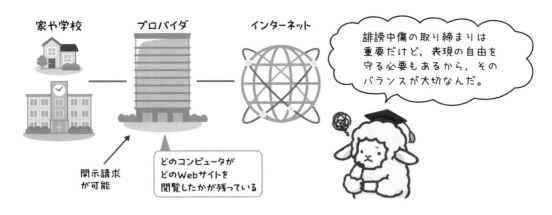

😊 ❗ 〔大事な用語〕
匿名性，記録性，プロバイダ責任制限法，プロバイダ（ISP），開示請求

基本練習

答えは別冊 5 ページ

1 次の問題に答えましょう。

(1) インターネット上のコミュニケーションが持つ，氏名や住所といった個人情報を隠して情報のやりとりを行える性質を何といいますか。

〔　　　　　　〕

(2) インターネット上のコミュニケーションが持つ，情報のやりとりが記録されている性質を何といいますか。

〔　　　　　　〕

2 下の図にあるア，イにあてはまる語句を答えましょう。

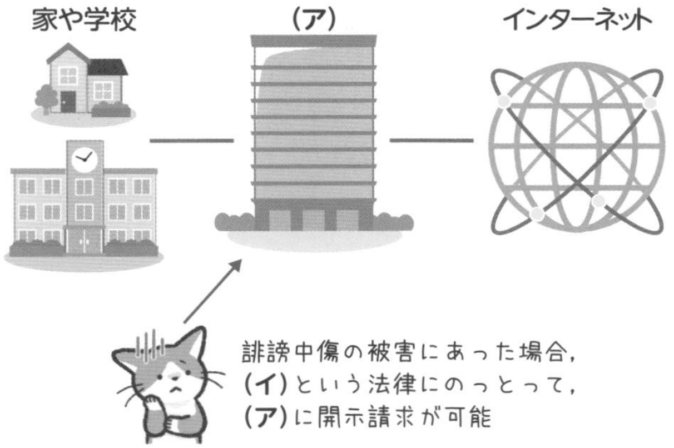
家や学校
(ア)
インターネット
誹謗中傷の被害にあった場合，
(イ)という法律にのっとって，
(ア)に開示請求が可能

ア：〔　　　　　　〕

イ：〔　　　　　　〕

14 情報デザイン 情報デザインの手法とは？

　情報を相手に伝える際は，さまざまなメディアを使い分けるだけでなく，相手に伝わりやすいように工夫することも必要です。この工夫のことを**情報デザイン**といい，主に以下の手法があります。

【抽象化】

　余計な情報を取り除き，必要な情報を抽象的に表現することを**抽象化**といいます。たとえば，ピクトグラムなら意味を視覚的に伝えることができ，国籍や母国語が異なる人にも伝わりやすくなります。また地図であれば，目的地に到達するのに必要な目印のみを載せることでわかりやすくなります。

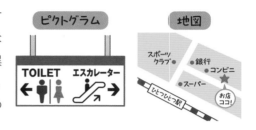

【可視化】

　情報を視覚的に表現することを**可視化**といいます。たとえばテストの点数や売上金額などの数値の情報は，表やグラフにすることで比較しやすくなり，表やグラフにする前にはわからなかった情報が見えてきます。

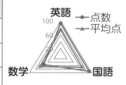

	点数	平均点
英語	92	68
国語	90	61
数学	42	58

【構造化】

　情報をまとまりごとに整理したり，階層構造を使って表現したりすることを**構造化**といいます。たとえばイベントの開催告知プリントのように，伝えたい情報がたくさんある場合は，箇条書きにして表示すると見やすくなります。またショッピングサイトのように，膨大な情報がある場合は，カテゴリ分けなどを活用して整理するとわかりやすくなります。

【大事な用語】
情報デザイン，抽象化，ピクトグラム，可視化，構造化

基本練習

→ 答えは別冊 5 ページ

1 情報を取捨選択したり，見栄えを調整したりするなど，情報が相手に伝わりやすいようにデザインすることを何といいますか。

〔　　　　　　　　　　〕

2 以下の表は情報をわかりやすくする手法ごとに，例をまとめたものです。この表の①〜③にあてはまる例を，次のア〜カから 2 つずつ選び，記号で答えましょう。

手法	代表的な例
抽象化	①
可視化	②
構造化	③

ア　Web サイトの階層メニュー　イ　グラフ

ウ　ピクトグラム　　　　　　　エ　箇条書きを使った文書

オ　ある店舗までの地図　　　　カ　表

①:〔　　　　　〕　②:〔　　　　　〕　③:〔　　　　　〕

もっとくわしく

さまざまなピクトグラム

　ピクトグラムは，言語に頼らず情報を伝えることができるため，よく使われています。街中のいたるところで使用されているので，探してみるのもよいでしょう。

非常口

駐輪禁止

エレベータ

15 ユーザインタフェース
Webサイトを誰でも使いやすく

パソコンのディスプレイやマウス，Webサイトの入力欄やボタンといった，人がものを操作する際に実際に見たり触れたりする部分のことを**ユーザインタフェース**といいます。ユーザインタフェースがわかりやすいものになると，**アクセシビリティ**や**ユーザビリティ**の向上につながります。

アクセシビリティは，幅広い人々にとっての情報やサービスのアクセスのしやすさを表します。アクセシビリティを高める例として，Webサイトに画像を掲載するときに**代替テキスト（代替文字列）**を設定するというものがあります。これにより，「音声読み上げソフトウェア」がそのテキストを読み上げてくれるため，視覚に障がいがある人でもどんな画像が掲載されているのかという情報を得ることができるのです。

また，アクセシビリティを確保した前提で，使いやすいかどうかを表す尺度を**ユーザビリティ**といいます。たとえば，Webサイト上で自分の住んでいる都道府県を選ぶ場合，すべての都道府県が並んでいると，目的のものを探すのに時間がかかります。そんなときは，一度地方を絞り込む項目を入れることで探す手間を省くことができ，ユーザビリティを高めることができます。

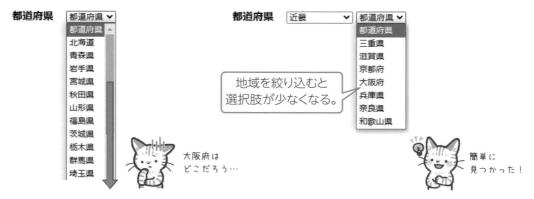

情報社会ではWebサイトを使うことが多くあります。そのため，Webサイトのアクセシビリティやユーザビリティの重要性は高まっているといえます。

 [大事な用語]
ユーザインタフェース，アクセシビリティ，代替テキスト（代替文字列），ユーザビリティ

1 次の〔　　　〕にあてはまる語句を答えましょう。

　　人がものを操作する際に実際に見たり触れたりする部分のことを

〔　　　　　　　　　　　　　　　　　　〕といいます。そして，幅広い人々にとっての情報や

サービスのアクセスのしやすさを表すものを〔　　　　　　　　　　　　〕といいます。

たとえば Web サイトに画像を掲載する場合，音声読み上げソフトウェアが読み取れるよう

に〔　　　　　　　　　　〕を設定しておくとよいでしょう。またアクセスのしやすさを

確保した前提で，使いやすいかどうかを表す尺度を，〔　　　　　　　　　　〕といいます。

2 ある Web サイトで表示された以下の画面の改善案として最も適切なものを，次の
ア〜エから選び，記号で答えましょう。

ア　「OK」を「登録する」に変更する。
イ　「OK」を「破棄する」に変更する。
ウ　「OK」のボタンを削除する。
エ　「編集内容を破棄しますか？」を「編集内容を
　　キャンセルしますか？」に変更する。

〔　　　　〕

もっと くわしく

直感的にわかるデザイン

　駅やショッピングモールに置かれているゴミ箱の投入口は，新聞や雑誌なら長方形，ペットボトルと缶なら円形になっていることがあります。これは，投入口の形を変えることで，何を捨てるところなのかが直感的にわかるようにしてあるのです。他にも，再生ボタン（▶）や停止ボタン（■）のマークなどが挙げられます。

16 誰もが生活しやすい社会に

年齢や国籍，障がいの有無などに関係なく，誰にとっても使いやすいデザインのことを**ユニバーサルデザイン**といいます。たとえば，リンスとの区別がつくように容器の側面にキザミを付けたシャンプーボトル，身長差に合わせて高さが異なるつり革，握りやすいようにくぼみがあるペットボトルなどが代表的です。また近ごろでは，読み間違いがしにくいようにデザインされたフォントである**ユニバーサルデザインフォント（UDフォント）**の注目度も高まっています。なおフォントとは，統一的にデザインされた文字の集合のことをいいます（p.45 参照）。

ユニバーサルデザインと関連した言葉に**バリアフリー**があります。ユニバーサルデザインは「はじめから障壁がないようにする」という考え方であるのに対し，バリアフリーは「障壁を取り除く」という考え方であります。たとえば，階段しかなかった施設にエレベータを付ける，聴覚に障がいがある人でも映画を楽しめるように，台詞だけではなく効果音なども含めた字幕を付ける，などが挙げられます。

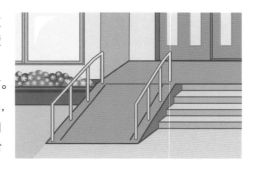

両者は考え方こそ異なりますが，**「誰にとっても使いやすくする」という目的は同じ**であることを理解しましょう。このように，多種多様な人にとって使いやすいようにすることで，より生活がしやすい社会になっていくことが期待されます。

【大事な用語】
ユニバーサルデザイン，ユニバーサルデザインフォント（UDフォント），バリアフリー

基本練習

→ 答えは別冊 5 ページ

1 年齢や国籍，障がいの有無などに関係なく，さまざまな人によって使いやすいように配慮したデザインのことを何といいますか。

〔　　　　　　　　　　　　〕

2 障壁を取り除く考え方のことを何といいますか。

〔　　　　　　　　　　　　〕

3 UD フォントの説明として最も適切なものを，次のア～エから選び，記号で答えましょう。

ア　国際的に広く知られているフォント。

イ　複数の言語で利用できるフォント。

ウ　読み間違いがしにくいようにデザインされたフォント。

エ　ロゴや商標などで使うためにデザインされたフォント。

〔　　　〕

もっとくわしく

カラーユニバーサルデザイン

　年齢や性別，色覚異常の有無などによって，色の見え方は異なってきます。そのため，多種多様な人が情報を受け取れるようにするには，色に頼らないデザインにすることも必要です。これを**カラーユニバーサルデザイン**といいます。たとえば，グラフは色で分けるだけでなく文字や模様などを追加することで，色の見分けが付きづらい人でも正しく情報を受け取れるようになります。

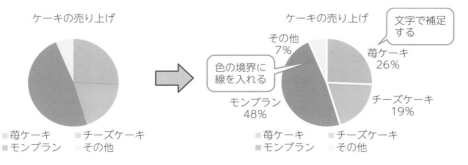

ケーキの売り上げ

ケーキの売り上げ

文字で補足する

色の境界に線を入れる

その他 7%

苺ケーキ 26%

チーズケーキ 19%

モンブラン 48%

■苺ケーキ　■チーズケーキ
■モンブラン　■その他

■苺ケーキ　■チーズケーキ
■モンブラン　■その他

1

メディアの説明として最も適切なものを，次のア～エから選び，記号で答えなさい。

【15点】

ア　CDやDVD，USBメモリといった記録媒体はメディアとはいえない。

イ　ブログやSNSの急速な普及によってフェイクニュースは減った。

ウ　内容や伝える相手に合わせて，適切なメディアを選択することが重要である。

エ　不特定多数の人が双方向に情報発信することで作り上げられるメディアをマスメディアという。

〔　　　　〕

2

調べ物をする際に取った行動として最も適切なものを，次のア～エから選び，記号で答えなさい。

【20点】

ア　Aさんは雑誌のみを使って情報を集めた。

イ　Bさんはテレビ，書籍，インターネットから情報を集めた。その際，各媒体から集めた情報を照らし合わせて，信ぴょう性を確認した。

ウ　Cさんは友人に聞いたり雑誌を読んだりして情報を集めた。その際，友人から得た情報を優先して信用した。

エ　Dさんはソーシャルメディアのみを使って情報を集めた。

〔　　　　〕

3

コミュニケーション手段の使い分けとして最も不適切なものを，次のア～エから選び，記号で答えなさい。

【15点】

ア　緊急の要件だったので，取引先に電話をかけた。

イ　仕事の契約の取り交わしを電話で行った。

ウ　来月の予定を確認するために友人にメールを送った。

エ　離れた場所に住んでいる祖母の様子をうかがうために，ビデオ通話をかけた。

〔　　　　〕

4

次の①～③はそれぞれ，情報デザインのどの手法にあたるか，次のア～ウから選び，記号で答えなさい。

【各5点　計15点】

① イベントの会場や予約方法，入場料などを箇条書きでまとめたチラシを作成した。

② 駐車禁止を伝えるため，車に「×」マークを付けたピクトグラムを看板に掲載した。

③ 店舗の売り上げの推移を確認したいため，月ごとの売り上げデータを棒グラフにした。

ア　抽象化　　　イ　可視化　　　ウ　構造化

①：[　　　　　]　　②：[　　　　　]　　③：[　　　　　]

5

次の画面で値を入力して「登録する」ボタンをクリックしたら，エラーメッセージが表示された。この画面の操作性における問題点を，以下のア～エからすべて選び，記号で答えなさい。

【20点】

ア　エラーメッセージが画面上部に表示されていること。

イ　生年月日が選択リストになっていること。

ウ　どれが必須項目なのかがエラーメッセージに含まれていないこと。

エ　入力時に必須項目が示されていないこと。

[　　　　　]

6

ユニバーサルデザインの説明として最も適切なものを，次のア～エから選び，記号で答えなさい。

【15点】

ア　特許権によって保護されたデザインのこと。

イ　世界中で販売が許可されるように製品をデザインすること。

ウ　世界中のさまざまな文化を融合させたデザインのこと。

エ　年齢や国籍，障がいの有無などに関係なく，使いやすいように配慮したデザインのこと。

[　　　　　]

17 ハードウェア コンピュータを構成する5つの装置

　皆さんはコンピュータに対してどのような印象を持っていますか？　Webサイトを閲覧できたり，動画を観られたり，写真や動画を編集できたりと，とても便利な印象を持っているのではないでしょうか。ここでは，コンピュータがどのようなしくみになっているかについて学んでいきます。

　コンピュータは，大きく5つの装置から構成されています。

【コンピュータの基本構成】

入力装置	コンピュータに対して実施してほしいこと（命令）を入力するための装置。 キーボードやマウス，タッチパネルなど。
記憶装置	入力装置によって入力された命令や，用途に応じた処理をさせる手順を記したデータ（プログラム）などをコンピュータに記憶する装置。 記憶装置は大きく分けて，演算装置と直接やりとりする**主記憶装置**（メインメモリ）と，長期的にデータを保存する**補助記憶装置**（ストレージ）の2種類がある。
演算装置	主記憶装置に記憶された命令を取り出して，それを処理したり計算したりする装置。
出力装置	演算装置によって処理された結果を出力するための装置。 ディスプレイやスピーカーなど。
制御装置	上記の装置が互いにうまく動作するように制御する装置。

　上記のような物理的な装置を<u>ハードウェア</u>といい，特に演算装置と制御装置をまとめて<u>中央処理装置（CPU）</u>といいます。人間に置き換えると，入力装置は目や耳，出力装置は声や手足，演算装置と制御装置，記憶装置は脳にあたるイメージです。この5つの装置がつながってそれぞれの仕事を全うすることで，コンピュータは動いています。

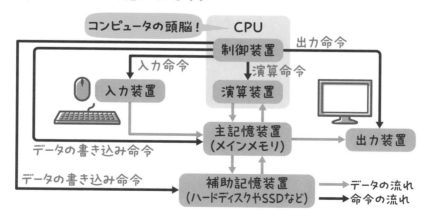

　[大事な用語]
　入力装置，記憶装置，演算装置，出力装置，制御装置，ハードウェア，中央処理装置（CPU）

基本練習

→ 答えは別冊 6 ページ

1 次のア〜オは，コンピュータの 5 つの装置の説明です。どの装置の説明なのかをそれぞれ答えましょう。

ア　キーボードやマウスなどによって入力された命令や，データを記憶する装置。

イ　コンピュータに対して実施してほしいことを入力するための装置。

ウ　処理された結果を出力するための装置。

エ　ほかの装置が互いにうまく動作するように制御する装置。

オ　命令を処理したり計算したりする装置。

ア：〔　　　　　　〕　　イ：〔　　　　　　〕　　ウ：〔　　　　　　〕

エ：〔　　　　　　〕　　オ：〔　　　　　　〕

2 次の問題に答えましょう。

(1)　コンピュータの物理的な装置のことを何といいますか。

〔　　　　　　〕

(2)　演算装置と制御装置をまとめて何といいますか。

〔　　　　　　〕

もっとくわしく

スマートフォンやタブレットもコンピュータなの？

　皆さんが日ごろよく使っているスマートフォンやタブレットも，コンピュータの一種です。これらは画面をタッチして操作するので，入力装置はタッチパネルと一体化された「ディスプレイ」です。また，画面を操作した結果は「ディスプレイ」に表示されるので，出力装置も「ディスプレイ」といえます。音声検索の場合は，端末に内蔵されたマイクが入力装置であり，カメラで検索や認証を行う場合は，カメラが入力装置です。実際はその装置の中にはさまざまな部品や半導体が詰まっていますが，役割によって大きく 5 つの装置としてとらえることができるのです。

18 ソフトウェア　コンピュータを動かす「ソフトウェア」

　5つの装置がそろっているだけでは，コンピュータはただの箱でしかありません。「**ソフトウェア**」と組み合わせることで，初めてコンピュータはさまざまな道具に変身します。ソフトウェアとは，コンピュータに用途に応じた処理をさせる手順を記したデータのことで，**プログラム**が集まってソフトウェアを作っています。たとえばスマートフォンに，SNS やゲームのアプリを入れることがありますよね？　これは，スマートフォンに SNS やゲームの「アプリ」というソフトウェアを入れることで，そのアプリが提供する機能をコンピュータに命令できるようにしているのです。

アプリを入れる

アプリを入れることでそのアプリの機能をコンピュータに命令できる

スマートフォンの「アプリ」は「アプリケーションソフトウェア」の略なんだね。

【**ソフトウェアの種類**】

●**基本ソフトウェア**
　制御装置や演算装置（p.42 参照）といったハードウェアと応用ソフトウェアを仲介するソフトウェア。応用ソフトウェアを動作させるためにコンピュータの内部で動作し，ハードウェア資源の管理なども担う。主な基本ソフトウェアには **OS（オペレーティングシステム）** がある。

●**応用ソフトウェア（アプリケーションソフトウェア）**
　web ブラウザや表計算，文書作成といった特定の機能を提供するために作られたソフトウェア。スマートフォンのアプリは応用ソフトウェアである。

コンピュータにしてほしいことを命令

応用ソフトウェア

処理の結果

基本ソフトウェア

ハードウェア

ユーザー

基本ソフトウェアと応用ソフトウェアに分かれていることで，ひとつのコンピュータにさまざまな機能を持たせることができるんだ。

［大事な用語］
ソフトウェア，プログラム，応用ソフトウェア（アプリケーションソフトウェア），基本ソフトウェア，OS（オペレーティングシステム）

基本練習

→ 答えは別冊6ページ

1 次のア～イにあてはまる語句を答えましょう。

　webブラウザや表計算，文書作成といった特定の機能を提供するために作られたソフトウェアのことを〔　ア　〕といいます。また，〔　ア　〕を動作させるためにコンピュータの内部で動作し，ハードウェア資源の管理なども担うソフトウェアのことを〔　イ　〕といいます。

ア：〔　　　　　　　　　　　　〕　　　イ：〔　　　　　　　　　　　　〕

「もっとくわしく」を読んでチャレンジ！

2 OSの役割でないものを次のア～エから選び，記号で答えましょう。

ア　CPUが実施する処理順序の制御を行う。

イ　Webサイトの閲覧機能を提供する。

ウ　ソフトウェアとハードウェアの仲介を担う。

エ　メーカーごとのハードウェア差異を吸収する。

〔　　　　　　　〕

もっとくわしく

OSって何をするものなの？

　OSが具体的に何をしているのかはイメージしづらいものですが，実にさまざまな役割を果たしています。

　パソコンはさまざまなメーカーが製造しているので，中に入っている部品の構成には細かな差異があります。ハードウェアが異なっても同じソフトウェアが動作するように，**OSがハードウェアの差異を吸収**してくれています。また，CPUが行う処理の順番を制御したり，複数の処理を並行して実行できるようにしたりもしています。OSは，さまざまなソフトウェアをハードウェア上で動かすための，縁の下の力持ちなのです。

　なお，家電量販店などで売られているパソコンは基本的に，すでにOSが入った状態です。もちろん，スマートフォンもすでにOSが入った状態で販売されています。そのため私たちは，電源ボタンを押すだけで，コンピュータをすぐに使い始められるというわけです。

19 デジタルって何だろう？

アナログとデジタル

日常会話でも「アナログ」「デジタル」という言葉を使うことはありますが，具体的にどういう意味かを知っていますか？

アナログとは，情報を**連続していて切れ目のわからない量として扱うための言葉**です。空気や音，温度といった情報は，連続的に変化しているのでアナログです。あいまいなものをあいまいなまま表現しているのがアナログだと考えてください。

一方デジタルとは，**連続している量を一定の間隔で区切って扱うための言葉**です。アナログでは切れ目があいまいな情報も，デジタルなら明確な数値で表現できます。そのため，デジタルはわかりやすさや扱いやすさがある一方で，アナログにはあった微細な表現がなくなるという特徴があります。

アナログ

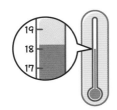

常に連続的に変化する「温度」を液体の高さという「連続した量」で表わしている

デジタル

常に連続的に変化する「温度」を決まった段階で区切って表わしている

温度はアナログなものだけど，わかりやすいように温度に区切りをつけて表しているデジタル温度計があるんだよ。

コンピュータではアナログの情報を扱えないので，**コンピュータで管理するすべての情報はデジタルなデータに変換されています**。そのため，コンピュータや情報技術を理解するにはデジタルが何かを理解する必要があるのです。デジタルデータには主に，以下の特長があります。

● **情報の編集が容易**

デジタルデータは編集が容易です。たとえばスマートフォンで撮影した写真や動画は，編集アプリなどを使って簡単に情報が変更できますね。

● **異なる形式の情報も統合的に扱いやすい**

画像や動画といった異なる形式の情報であっても，デジタルなら0と1で表現されているので，統合的に扱えます。たとえばスマートフォンには，画像や動画，音声といったさまざまな情報を取り込んで扱えます。

ほかにも，複製する際に情報の劣化がしにくい，管理がしやすいという特長があります。

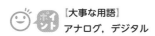

【大事な用語】
アナログ，デジタル

基 本 練 習

➡ 答えは別冊 6 ページ

1 次の空欄にあてはまる語句を答えましょう。

空気や音，温度，湿度など，連続していて切れ目のわからない量を表す言葉を

〔　　　　　　　　　　〕といいます。一方，連続している量を一定の間隔で区切って表した数

値のことを〔　　　　　　　　〕といいます。

2 「デジタル」の特徴として最も適切なものを，次のア〜エから選び，記号で答えましょう。

ア　情報の編集や加工が容易ではない。

イ　複製の際に情報の劣化がしやすい。

ウ　画像や動画といった異なる形式の情報も統合的に扱える。

エ　微細な表現が得意。

〔　　　　　〕

3 デジタルであるものを，次のア〜エから選び，記号で答えましょう。

ア　秒針と目盛りで時刻を表す時計

イ　画面に表示した数字で体温を表す電子体温計

ウ　針と目盛りで重さを表す体重計

エ　ものさし

〔　　　　　〕

20 2進法 デジタルにおける情報の表し方

デジタルはすべての情報を数値で表します。中でもコンピュータが扱うデジタルデータでは，**シンプルに0と1だけを使います**。そして，連続する量をデジタルなデータに変換することを<u>デジタル化</u>といいます。この0と1は，コンピュータ内では電圧が低い（オフ）・高い（オン）に対応しています。

0　　　　　　　1

低い電圧　　　　高い電圧

> コンピュータ内では，電圧が「低い電圧」と「高い電圧」の間で高速に変化しているよ。

コンピュータでは情報がすべて0と1で表されているというと「画像や音楽とかはどうなっているの？」と思うかもしれませんね。0と1しかなくても，複数個組み合わせるとさまざまなものを表現できるのです。たとえば，4教科（国語，数学，理科，社会）を0と1の組み合わせだけで表現するとした場合，4通りの情報を表わせればいいので，以下のようにたった2桁で表現できます。

00	01	10	11
国語	数学	理科	社会

もし英語を加えて5教科を表現するなら，1桁増やすことで対応可能です。

000	001	010	011	100
国語	数学	理科	社会	英語

上記のように，組み合わせを変えたり桁数を増やしたりすると，0と1しかなくてもさまざまな情報を扱えます。この0と1の組み合わせだけで数を表現する方法を<u>2進法</u>といい，2進法で表した数値を**2進数**といいます。

また，2進数の1桁で表せる情報量（最小単位）を**ビット（bit）**といいます。たとえば，スイッチオン・オフの2通りの状態しかないので，1ビットで扱える情報です。ほかにも，授業中に手を挙げる・挙げないといった動作も2通りしかないので，1ビットで表現できます。

[大事な用語]
デジタル化，2進法，2進数，ビット（bit）

1 次の〔　　　〕にあてはまる語句や数字を答えましょう。

　デジタルでは，すべての情報を数値の0と1で表します。連続する量をデジタルなデータに変換することを〔　　　　　　　〕といいます。そして，0と1の組み合わせだけで数を表現する方法を〔　　　　　　〕，2進法で表した数値を〔　　　　　　　〕といいます。また，2進数の〔　　　　　〕桁で表せる情報量をビット（bit）といいます。

2 次のア〜クの情報のうち，1ビットで表せるものを3つ選び，記号で答えましょう。

ア　東西南北
イ　磁石のN極とS極
ウ　スイッチのオンとオフ
エ　成績表の5段階評価
オ　前後左右
カ　コインの表と裏
キ　信号機の赤・黄・青
ク　気温

〔　　　　　　　　　　　〕

もっとくわしく

nビットで表現できる情報量はいくつ？

　1ビットで表せる情報量は 2^1 で2通り，8ビットで表せる情報量は 2^8 で256通りです。このことからもわかる通り，nビットで表せる情報量は 2^n で求められます。覚えておきましょう。

1ビット：2^1（2通り）

8ビット：2^8（256通り）

nビット：2^n

21 大きな情報量を表す単位

ビット (bit) とバイト (B)

前節では，デジタルなデータは 2 進数で表現されており，2 進数の 1 桁で表せる情報量はビット (bit) ということを学びましたね。このビットが 8 つ，つまり 8 ビットの情報量は **1 バイト（B）** という単位で表せます。1 ビットは 2 通りの情報を扱えますが，**1 バイトは 2^8，つまり 256 通りの情報を扱えます。** そしてさらに，1024（＝2^{10}）バイトは **1 キロバイト（KB）**，1024 キロバイトは **1 メガバイト（MB）** のように，上位の単位が用意されています。

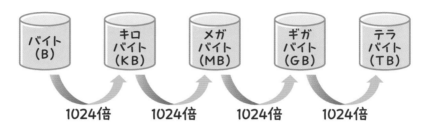

スマートフォンを購入する際，「128 GB」「256 GB」「512 GB」と数字が書かれており，それによって機種の値段が異なっているのを見たことがある人もいるでしょう。これは，そのスマートフォンに保存できるデータの量が増えていることを表しているのです。

キロバイトのキロ（K）やメガバイトのメガ（M）について，注意するべきことがあります。たとえばキロバイトの K は，2^{10} を表す接頭語です。キロという言葉は，キロメートル（km）やキログラム（kg）などが数学や化学で出てきましたよね。これらのキロは 10^3 を表す接頭語です。それぞれ違った意味を表すものなので，キロバイトの K は大文字，キロメートルやキログラムの k は小文字で表記して区別することが多いです。

接頭語	10 の何乗か（通信速度などの表記に用いられる）	2 の何乗か（記憶容量などの表記に用いられる）
k（キロ）	10^3 ＝ 1,000	2^{10} ＝ 1,024
M（メガ）	10^6 ＝ 1,000,000	2^{20} ＝ 1,048,576
G（ギガ）	10^9 ＝ 1,000,000,000	2^{30} ＝ 1,073,741,824
T（テラ）	10^{12} ＝ 1,000,000,000,000	2^{40} ＝ 1,099,511,627,776

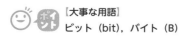【大事な用語】
ビット（bit），バイト（B）

基本練習

→ 答えは別冊 7 ページ

1 次の問題に答えましょう。

(1) 32 ビットは何バイトですか。

〔　　　　　　　　　〕

(2) 10 バイトは何ビットですか。

〔　　　　　　　　　〕

(3) 2048 バイトは何キロバイトですか。

〔　　　　　　　　　〕

(4) 3 メガバイトは何キロバイトですか。

〔　　　　　　　　　〕

(5) 1 メガバイトは何バイトですか。

〔　　　　　　　　　〕

22 AND回路 コンピュータの計算のしくみ①

　コンピュータでは情報を 0 と 1 で扱いますが，ただ情報があるだけではパソコンやスマートフォンの便利な機能を使えるわけではありません。その情報に対して計算処理を行うことで，初めてさまざまな機能が実現できるのです。

　コンピュータに内蔵された，0 と 1 という 2 つの状態をもとに計算を行う回路を論理回路といいます。回路とは，電圧でデジタル情報を表している電気の通る道筋です。論理回路の途中には計算に使うスイッチが置かれ，論理演算という処理が行われます。コンピュータの頭脳である CPU では，論理回路を組み合わせて，実にさまざまな処理を行っています。

　基本的な論理回路を紹介していきましょう。まずは論理積（AND）回路です。AND 回路とは，2 つの入力が両方とも 1（オン）の場合のみ，出力も 1 になる回路です。2 つの入力が直列につながれている回路なので，図で表すと以下のようになります。

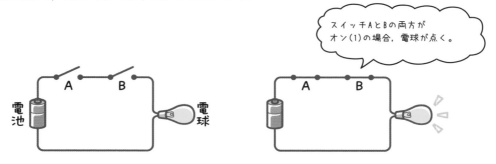

　AND 回路は以下の図記号で表します。また，論理回路にはいくつかの種類があり，回路ごとに出力される結果が異なります。回路の入力とそれに対応した出力をまとめた表を真理値表といいます。

【論理積の記号と真理値表】

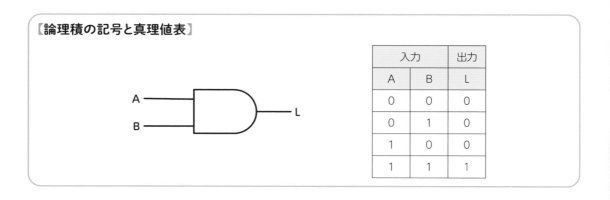

入力		出力
A	B	L
0	0	0
0	1	0
1	0	0
1	1	1

　［大事な用語］
論理回路，論理演算，論理積（AND）回路，真理値表

基 本 練 習

→ 答えは別冊 7 ページ

1 次の〔　　　〕にあてはまる語句を答えましょう。

コンピュータで 0 と 1 という 2 つの状態をもとに計算を行う回路を

〔　　　　　　　　　〕といいます。そして，2 つの入力が両方とも 1（オン）の場合のみ，

出力も 1 になる回路のことを〔　　　　　　　　　　〕といいます。

2 AND 回路について，次の問題に答えましょう。

(1)　図記号をかきましょう。

(2)　真理値表の空欄を埋めましょう。

入力		出力
A	B	L
0	0	〔　〕
0	1	〔　〕
1	0	〔　〕
1	1	〔　〕

23 コンピュータの計算のしくみ②

前節で学んだ AND 回路以外にも基本的な論理回路として，**論理和（OR）回路**と**否定（NOT）回路**があります。コンピュータのすべての計算処理は，AND 回路，OR 回路，NOT 回路の組み合わせで実現されています。この 3 つの論理回路をまとめて**基本論理回路**といいます。

OR 回路は 2 つの入力が並列につながれている回路で，2 つの入力のうちどちらか一方さえ 1 であれば，出力が 1 になる回路です。

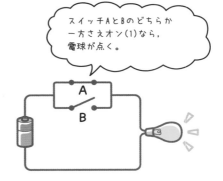

スイッチAとBのどちらか
一方さえオン(1)なら，
電球が点く。

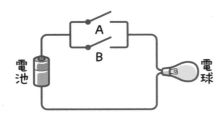

【論理和の記号と真理値表】

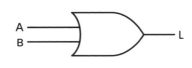

入力		出力
A	B	L
0	0	0
0	1	1
1	0	1
1	1	1

NOT 回路は，入力した値と逆の値を出力する回路です。例えば入力の値が 0 であれば，出力の値は 1 になります。

【否定の記号と真理値表】

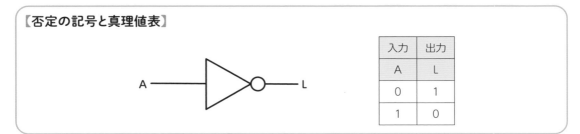

入力	出力
A	L
0	1
1	0

【大事な用語】
論理和（OR）回路，否定（NOT）回路，基本論理回路

基本練習

→ 答えは別冊 7 ページ

1 次の 2 つの回路について，真理値表の空欄を埋めましょう。

　　　　　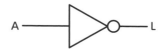

入力		出力
A	B	L
0	0	( )
0	1	( )
1	0	( )
1	1	( )

入力	出力
A	L
0	( )
1	( )

もっとくわしく

基本論理回路の組み合わせ

　基本論理回路を組み合わせた例として**半加算回路**があります。半加算回路とは入力と出力が 2 つずつあり，AND 回路，OR 回路，NOT 回路を以下のように組み合わせたものです。

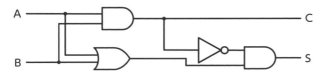

入力		出力	
A	B	C	S
0	0	0	0
0	1	0	1
1	0	0	1
1	1	1	0

　たとえば入力 A，B が 1 の場合，出力までの値は以下のようになります。

　これは，2 進数の「1 + 1」が 10 であることを計算しています。このように基本論理回路を組み合わせると，1 と 0 だけのデジタル情報にさまざまな処理を加えることができます。

24 2進数の計算をしてみよう！
2進数①

　普段私たちが使用している，0から9までの数を使って表した数値を **10進数** といいます。10進数での足し算は「1＋1＝2」「9＋1＝10」という計算になりますが，0と1のみで数を表現する2進数では少々異なります。2進数の足し算は以下のようになります。

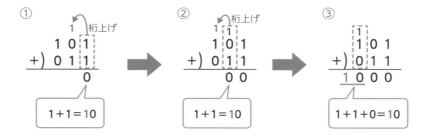

　2進数で「1＋1」が10になるのは，2進数で使える数は0と1しかないので，**1に1を足すと桁が繰り上がる**からです。10進数と2進数は以下のように対応しています。

【10進数と2進数の関係】

10進数	0	1	2	3	4	5	6	7	8	9	10
2進数	0	1	10	11	100	101	110	111	1000	1001	1010

　では，2進数同士の計算をしてみましょう。たとえば2進数の「101」と2進数の「11」の足し算は，以下のように計算します。

　2進数の「101」を10進数で表すと「5」，2進数の「11」を10進数で表すと「3」なので，5＋3＝8ですね。8は2進数だと「1000」なので，上記の計算結果が正しいことがわかります。

　なお，2進数と10進数を区別するために，本書ではこれ以降，2進数で表した数には(2)を表記します。たとえば，1001が2進数で表した数なら，1001$_{(2)}$と表記します。

［大事な用語］
10進数，2進数

基本練習

→ 答えは別冊7ページ

1 以下の2進数の計算をしましょう。

(1)　$0_{(2)} + 0_{(2)} =$ 〔　　　　　　〕

(2)　$0_{(2)} + 1_{(2)} =$ 〔　　　　　　〕

(3)　$1_{(2)} + 0_{(2)} =$ 〔　　　　　　〕

(4)　$1_{(2)} + 1_{(2)} =$ 〔　　　　　　〕

2 $101_{(2)}$ は，10進数だといくつになりますか。〔10進数と2進数の関係〕を参考にして求めましょう。

〔　　　　　　〕

3 10進数の9は，2進数だといくつになりますか。〔10進数と2進数の関係〕を参考にして求めましょう。

〔　　　　　　〕

4 $110_{(2)} + 100_{(2)}$ は，いくつになりますか。

〔　　　　　　〕

25 2進数② 10進数を2進数に変換するには？

前節では10進数と2進数の対応を表で示しましたが，毎回表を書くのは手間ですね。ここでは，10進数と2進数の変換方法について学びましょう。

【10進数→2進数】

10進数を2進数に変換するには，10進数を2で割り算していった余りを並べる方法を使います。

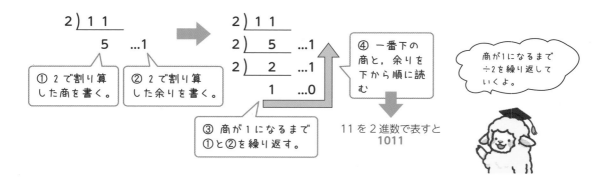

【2進数→10進数】

一方，2進数を10進数に変換するには，2進数の桁ごとに持つ**重み**を掛け算する方法を使います。桁の重みは，下位の桁から$2^0(=1)$，$2^1(=2)$，$2^2(=4)$……となります。この桁の重みと各桁の数を掛け算し，それぞれの結果を足し算すると10進数を求められます。

$$1001_{(2)}$$
$$2^3 \quad 2^2 \quad 2^1 \quad 2^0$$

$$
\begin{aligned}
1011_{(2)} &= 2^3 \times 1 + 2^2 \times 0 + 2^1 \times 1 + 2^0 \times 1 \\
&= \quad 8 + \quad 0 + \quad 2 + \quad 1 \\
&= \quad 11
\end{aligned}
$$

各桁と桁ごとの重みを掛け算する。

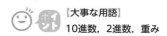

〔大事な用語〕
10進数，2進数，重み

基本練習

→ 答えは別冊 8 ページ

1 **次の問題に答えましょう。**

(1) 10 進数の 25 は，2 進数だといくつになりますか。

〔　　　　　　　　　　〕

(2) 10 進数の 60 は，2 進数だといくつになりますか。

〔　　　　　　　　　　〕

(3) 10 進数の 123 は，2 進数だといくつになりますか。

〔　　　　　　　　　　〕

(4) $101001_{(2)}$ は，10 進数だといくつになりますか。

〔　　　　　　　　　　〕

(5) $1000110_{(2)}$ は，10 進数だといくつになりますか。

〔　　　　　　　　　　〕

26 2進数を表現するほかの方法
16進数

2進法で数値を表すと，桁数がどんどん大きくなります。そこで，2進数を4桁（つまり4ビット）ずつまとめて表現する記法が使われることがあります。これを **16進数** といいます。16進数は，16で1つの桁が繰り上がる数の表し方です。数字だけでは文字の種類が足りないので，10〜15にはアルファベット（A〜F）を用います。16進数には，2進数との変換が10進数より容易であるというメリットがあります。2進数と同様に，16進数で表した数には（16）を表記します。

【10進数, 2進数, 16進数の関係】

10進数	0	1	2	3	4	5	6	7	8
2進数	0	1	10	11	100	101	110	111	1000
16進数	0	1	2	3	4	5	6	7	8
10進数	9	10	11	12	13	14	15	16	
2進数	1001	1010	1011	1100	1101	1110	1111	10000	
16進数	9	A	B	C	D	E	F	10	

【2進数→16進数】

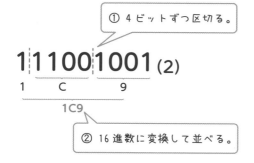

【16進数→2進数】

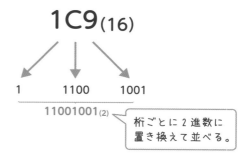

【大事な用語】
16進数

基本練習

→ 答えは別冊 8 ページ

1 **次の問題に答えましょう。**

(1)　$1100_{(2)}$ は，16 進数だといくつになりますか。

〔　　　　　〕

(2)　$10100010_{(2)}$ は，16 進数だといくつになりますか。

〔　　　　　〕

(3)　$12_{(16)}$ は，2 進数だといくつになりますか。

〔　　　　　〕

(4)　$EA_{(16)}$ は，2 進数だといくつになりますか。

〔　　　　　〕

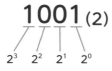

桁の重みを理解しよう

　2 進数を 10 進数に変換する方法として，桁の重みを使いましたね。この桁の重みは，2 進数であれば 2^0，2^1，2^2……となります。つまり，桁が上がるごとに 2 倍になります。

　一方 16 進数の場合も，桁が上がるごとに 16 倍になります。つまり，**n 進数では，桁が上がるごとに，桁の重みは n 倍になります**。10 進数の場合を思い出してみると当然のようにも見えますが，混乱しやすい部分ですので，しっかり覚えておきましょう。

$$1001_{(2)} \qquad C9_{(16)} \qquad 22_{(10)}$$

$2^3 \ 2^2 \ 2^1 \ 2^0 \qquad\qquad 16^1 \ 16^0 \qquad\qquad 10^1 \ 10^0$

コンピュータ内での文字の表し方

ここからは，身近なものがコンピュータ内ではどう表されているかについて学んでいきましょう。まずは文字についてです。コンピュータ内部で文字を扱う際には，1文字ずつに2進数の固有の符号（コード）を割り当てた**文字コード**が使われています。

たとえば「H」や「h」は，ASCII コードと呼ばれる文字コードでは，以下のコードが割り当てられています。

文字	対応する文字コード	
	【2進数】	【16進数】
H	1001000(2)	48
h	1101000(2)	68

> 2進数だと長くなるから
> 16進数で表すことが多いよ。

英語ならアルファベット（半角と全角），数字，記号のように文字の種類が少ないので，1バイト（256通り）以下ですべての文字を表現できます。しかし日本語は，ひらがなやカタカナのほか，数千種にのぼる漢字があるため文字数が膨大です。そのため1バイトでは表現できず，2バイト以上の情報量が必要です。また文字コードには，コードの割り当て方やどの文字を対象としているのかによって，いくつか種類があります。

文字コード	概要
ASCII コード	半角のアルファベット，数字，記号に対応した文字コード。
シフト JIS コード（Shift-JIS）	日本語に対応した文字コード。1文字を1〜2バイトで表現する。
Unicode	世界中のさまざまな文字に対応した文字コード。

同じ文字でも，文字コードの種類によって割り当てられているコードは異なります。そのため，たとえば Shift-JIS で入力した文字をソフトウェアが誤って Unicode で表示してしまうと，正しく表示されません。このように，もとの文字コードと異なる文字コードを使った際に正しく表示されないことを文字化けといいます。

【Shift-JIS】
学研 ➡ 【Unicode】
◆w◆◆

> 文字化け

[大事な用語]
文字コード，ASCIIコード，シフトJISコード（Shift-JIS），Unicode，文字化け

基本練習 ➡ 答えは別冊 8 ページ

1 次の①〜③はそれぞれどの文字コードの説明なのか，次のア〜ウからそれぞれ選び，記号で答えましょう。

① 日本語に対応しており，1文字を1〜2バイトで表現するコード。

② 世界中のさまざまな文字に対応したコード。

③ 半角のアルファベット，数字，記号に対応した文字コード。

ア ASCII コード　　イ シフト JIS コード　　ウ Unicode

①:〔　　〕　　②:〔　　〕　　③:〔　　〕

2 文字化けについての説明で最も適切なものを，次のア〜エから選び，記号で答えましょう。

ア あるコンピュータで入力した文字を別のコンピュータで表示する際に必ず起きる現象。

イ もとの文字コードと異なる文字コードを使って文字を表示した際に，正しく表示されない現象。

ウ 同じ機種のコンピュータ同士であれば，文字化けは起こらない。

エ 別の機種で絵文字を表示する際にのみ正しく表示されない現象。

〔　　〕

もっと くわしく

文字を表示する際に使われている「フォント」

コンピュータ内部では文字が文字コードで保持されていますが，パソコンやスマートフォンの画面に文字コードなんて表示されませんね。これはコンピュータが画面に文字を表示する際に，文字コードに対応した文字を**フォント（書体）**を使って表示するためです。フォントは，ある統一した書式でデザインされた文字の集合です。**明朝体**や**ゴシック体**など種類がたくさんあるので，フォントを変えるだけで同じ文字でも違う印象になります。

28 コンピュータ内での音の表し方

　ここからは音のデジタル化について学びましょう。音とは**空気の振動が波として伝わったもの**です。この振動は連続的な情報，つまりアナログデータです。そのため，音楽をパソコンで聴いたりスマートフォンで音声を録音したりするには，音をデジタルデータに変換する必要があります。また，音楽配信ストアでダウンロードできる音源や音楽のサブスクリプションサービスも，同じくデジタルデータです。音のデジタル化は以下の3つのステップで行います。

【音のデジタル化】

①標本化（サンプリング）

　アナログ信号の波を一定の時間間隔で区切り，その時間の波の高さを取り出します。取り出した点を<u>標本点</u>，取り出す間隔のことを<u>標本化周期</u>といいます。また，1秒間に標本化する回数を<u>標本化周波数（サンプリング周波数）</u>といい，単位は**ヘルツ「Hz」**で表します。

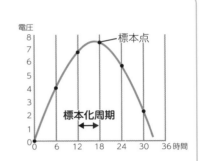

②量子化

　電圧を一定の間隔で区切って段階をつくり，①で取り出した波の高さを最も近い段階値に割り当てます。この段階の数を<u>量子化ビット数</u>といいます。たとえば量子化ビット数が3ビットなら，$2^3 = 8$段階で読み取るということです。標本化と量子化によって，もとのアナログデータから一定の間隔における近似値を取り出しています。

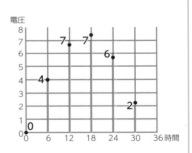

③符号化

　②で取り出した波の高さを2進数にします。

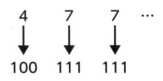

　このように，音の波を2進数に符号化して記録する方式を<u>PCM（パルス符号変調）方式</u>といい，CDなどで利用されています。

〔大事な用語〕
標本化，標本点，標本化周期，標本化周波数（サンプリング周波数），量子化，量子化ビット数，符号化，PCM（パルス符号変調）方式

基 本 練 習

答えは別冊 8 ページ

1 「音」について最も適切な説明を，次のア〜エから選び，記号で答えましょう。

ア　空気の振動が波として伝わったもの。

イ　空気の振動が光として伝わったもの。

ウ　中性子の移動が波として伝わったもの。

エ　中性子の移動が光として伝わったもの。

〔　　　　　〕

2 次のア〜ウはそれぞれ，音のデジタル化のどの工程の説明なのかを答えましょう。

工程	処理の概要
ア	アナログの電気信号から一定の間隔で波の高さを取り出す。
イ	波の高さの近似値を割り出す。
ウ	量子化された数値を 2 進数に変換する。

ア：〔　　　　　〕　イ：〔　　　　　〕　ウ：〔　　　　　〕

3 サンプリング周波数について最も適切な説明を，次のア〜エから選び，記号で答えましょう。

ア　1 秒間に標本化する回数のことであり，単位はヘルツである。

イ　1 秒間に標本化する回数のことであり，単位はメガバイトである。

ウ　1 秒間に量子化する回数のことであり，単位はヘルツである。

エ　1 秒間に量子化する回数のことであり，単位はメガバイトである。

〔　　　　　〕

29 高音質って何だろう？

アナログの音の波形と，デジタル化した音の波形を比べてみましょう。

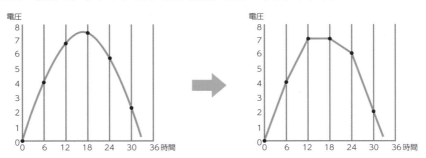

デジタル化した波形は，もとのアナログ波形よりもガタガタしていますね。これは，音をデジタル化する際に標本化や量子化を行うことで，データの欠落があるためです。これにより音質が悪くなってしまいます。標本化周期を小さくする，つまり**サンプリング周波数を高くすると，もとの波形に近づく**ので高音質になりますが，データ量は増加します。

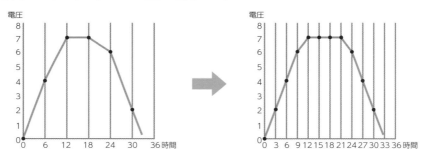

また，**量子化ビット数を大きくしても波の高さがもとの波形に近づく**ため，高音質になります。つまり，サンプリング周波数が高く，量子化ビット数が大きくなればなるほど，高音質になりますがデータ量は増えます。たとえばハイレゾリューション音源（ハイレゾ音源）という言葉を聞いたことがあるでしょうか？　CD のサンプリング周波数は 44.1 kHz，量子化ビット数は 16 ビットですが，ハイレゾ音源のサンプリング周波数と量子化ビット数はそれよりも大きいので，高音質な音を楽しめるデータ形式です。ただしデータ量が大きくなるので，用途や状況に合わせて音質とデータ量のバランスを選択する必要があります。

 〔大事な用語〕
サンプリング周波数，量子ビット数，ハイレゾリューション音源（ハイレゾ音源）

1 音のデジタル化の説明として，最も適切なものを次のア〜エから選び，記号で答えましょう。

　ア　標本化周期が大きいほど，もとの波形に近くなる。

　イ　サンプリング周波数が低いほど，もとの波形に近くなる。

　ウ　量子化ビット数が大きいほど，もとの波形に近くなる。

　エ　標本化周期や量子化ビット数は，音質には関係がない。

〔　　　　〕

「もっとくわしく」を読んでチャレンジ！

2 PCM 方式で記録された音声データで，サンプリング周波数が 30000 Hz，量子化ビット数が 8 ビット，チャンネル数が 1 である 1 分間の音声データは何バイトになりますか。

ビット
1 バイトは 8 ビットなので

〔　　　　〕

もっとくわしく

デジタル化した音のデータ量はどのくらい？

　PCM 方式（p.64 参照）において，1 つの標本には量子化ビット数分のデータ量があります。1 秒あたりの標本の数はサンプリング周波数で表されるので，1 秒あたりのデータ量は「サンプリング周波数×量子化ビット数」で求められます。

　また通常のCDは，左右の音声が別々に記録されているので，「サンプリング周波数×量子化ビット数×2」が 1 秒あたりのデータ量です。この音声を記録する数を**チャンネル数**といい，通常のステレオ録音では 2 チャンネルです。一方，モノラル録音では 1 チャンネルです。

　つまり，1 秒あたりのデータ量は「**サンプリング周波数×量子化ビット数×チャンネル数**」で求めることができるのです。

1つの標本
のデータ量
＝量子化
ビット数

1 秒あたりのサンプリングの回数
＝サンプリング周波数

30 コンピュータにおける色の表現

ここでは，コンピュータで色がどう表現されているかについて学んでいきましょう。

ディスプレイでの色は，**R（Red：赤）**，**G（Green：緑）**，**B（Blue：青）**の光の三原色で表現されています。そのため，パソコンやスマートフォンのディスプレイでは RGB の組み合わせによって色が表現されています。光の三原色は光自身が発する色を重ねる方法であり，色を重ねていくと白色に近づきます。この表現方法を加法混色（かほうこんしょく）といいます。

一方，プリンタでの色は，**C（Cyan：シアン）**，**M（Magenta：マゼンタ）**，**Y（Yellow：黄）**の色の三原色で表現されています。色の三原色は，光の反射で目に届く色を利用したものです。色を重ねていくと黒に近づく表現方法なので，減法混色（げんぽうこんしょく）といいます。

ただし，CMY を混ぜるだけでは完全な黒を表現できないので，書籍やチラシなどの印刷では，CMY に K（Key tone：黒）を追加した CMYK の 4 色のインクで印刷されることが多いです。ちなみに本書は，紙版は CMYK の 4 色で印刷されたものであり，電子書籍は画面で閲覧するものなので RGB で表現されています。CMYK と RGB が，意外と身近なことがわかりますね。

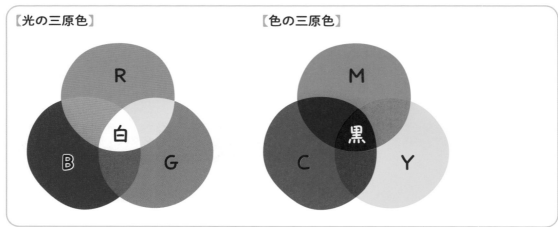

【光の三原色】 【色の三原色】

ディスプレイとプリンタで色の表し方が違うんだ！

 【大事な用語】
光の三原色，RGB，加法混色，色の三原色，CMYK，減法混色

基 本 練 習

→ 答えは別冊9ページ

1 次の〔 〕にあてはまる語句を答えましょう。

パソコンやスマートフォンのディスプレイにおける色は，〔　　　　　　　〕の三原色で表現されています。色を重ねていくことで白色に近づく表現方法であり，このことを〔　　　　　　　　　　〕といいます。一方，書籍やチラシといった印刷物における色は，〔　　　　　〕の三原色で表現されています。色を重ねていくことで黒色に近づく表現方法であり，このことを〔　　　　　　　　〕といいます。

2 ディスプレイにおける色の表現の説明として最も適切なものを，次のア～エから選び，記号で答えましょう。

ア　シアン，レッド，グリーンの3色の組み合わせで表現されている。

イ　シアン，レッド，イエローの3色の組み合わせで表現されている。

ウ　レッド，グリーン，ブルーの3色の組み合わせで表現されている。

エ　レッド，グリーン，イエローの3色の組み合わせで表現されている。

〔　　　〕

3 印刷物における色の表現の説明として最も適切なものを，次のア～エから選び，記号で答えましょう。

ア　シアン，マドリッド，イエローの3色の組み合わせで表現されている。

イ　シトリン，マゼンタ，イエローの3色の組み合わせで表現されている。

ウ　CMYに黒色のインクを追加した，CMYKの4色のインクで印刷することが多い。

エ　CMYに白色のインクを追加した，CMYWの4色のインクで印刷することが多い。

〔　　　〕

コンピュータのしくみとデジタル化

3章

1章
2章
4章
5章
6章

31 コンピュータ内での画像の表し方

画像のデジタル化①

これらは
すべて
デジタルな
画像！

　スマートフォンやデジタルカメラで写真を撮影し，その写真を SNS にアップして共有したりチャットアプリで友人に送ったりすることはよくあるでしょう。このときに撮影した写真はすべて，デジタルな画像です。デジタルな画像は小さな四角形が集まってできています。この小さな四角形は画像を構成する最小の単位であり，**画素（ピクセル）** といいます。スマートフォンやデジタルカメラで撮影する際は，音のデジタル化と同じく以下の 3 つのステップでデジタル画像が作成されています。

【画像のデジタル化】

①標本化（サンプリング）

もとのアナログデータを画素に分割し，画素ごとに色の濃度を読み取ります。

②量子化

　取り出した濃度を何段階かに分けた数値に変換します。この段階のことを**階調**といいます（詳細は p.72 で紹介します）。

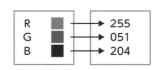

③符号化

　量子化された数値を 2 進法の数値に変換します。

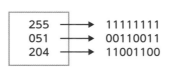

【大事な用語】
画素（ピクセル），標本化，量子化，符号化，階調

基 本 練 習

➡ 答えは別冊 9 ページ

1 「画素」についての説明で最も適切なものを，次のア〜エから選び，記号で答えましょう。

ア　デジタル画像の明るさの単位。

イ　デジタル画像に埋め込まれている日付情報。

ウ　デジタル画像に埋め込まれている位置情報。

エ　デジタル画像を構成する最小の単位。

〔　　　〕

2 画像をデジタル化する流れとして最も適切なものを，次のア〜エから選び，記号で答えましょう。

ア　標本化→符号化→符号化

イ　標本化→量子化→符号化

ウ　量子化→標本化→符号化

エ　量子化→符号化→標本化

〔　　　〕

3 「階調」についての説明で最も適切なものを，次のア〜エから選び，記号で答えましょう。

ア　1インチあたりの画素数のこと。

イ　アナログの電気信号から一定の間隔で取り出した，波の高さのこと。

ウ　画像のデジタル化の際に割り当てる，色の濃淡の段階のこと。

エ　画素の集合として表現する画像形式のこと。

〔　　　〕

32 解像度を高くするには？

　画像を分割する細かさのことを解像度といいます。解像度が高いほど画素が多いのできめが細かくなる，つまり実際の像に近い表現になります。ときどき，スマートフォンやパソコンで表示される画像の粗さが気になることはないでしょうか。これは，画像の解像度が低いために起きる現象です。解像度の単位でよく使われるのは，縦横1インチ（25.4 mm）あたりの画素数を表す dpi です。

低い　　　　　　　　　　　　　　　　　　　　高い

| 解像度：10dpi | 解像度：72dpi | 解像度：350dpi |

　また，光の明るさを表す段階のことを階調といいます。画像の画素1つずつには，階調に対応したRGBの数値が記録されています。たとえばRGB2階調であれば，RとGとBそれぞれが2段階しかないことを表します。つまり，2×2×2で8通りの色しか表現できません。階調が少ないと，それだけ表現できる色の数は少なくなるのです。

　一方，RGB各色が256段階の場合，つまりRGB256階調の場合は，合計で約1677万色（256×256×256＝16777216）を表現できます。階調が異なると表現できる色数が違うのが，以下の画像からもよくわかるでしょう。

RGB2 階調　　　　　　　　RGB256 階調

> RGB256階調は，量子化のときに割り当てる値が各色256段階あるってことだよ。

　この約1677万色を表現する規格をフルカラーといい，画素の集合として表現する方法をラスタ形式（ビットマップ形式）といいます。また，直線や円，四角などの図形とその座標を用いて画像を表現する方法があります。これをベクタ形式（ベクトル形式）といいます。

【大事な用語】
解像度，dpi，階調，フルカラー，ラスタ形式（ビットマップ形式），ベクタ形式（ベクトル形式）

基本練習

→ 答えは別冊 9 ページ

1 画像の解像度の説明として最も適切なものを，次のア〜エから選び，記号で答えましょう。

ア　解像度とは，色の段階値のことである。

イ　解像度とは，画像の明るさのことである。

ウ　解像度が高いほど，画像のきめが細かくなる。

エ　解像度が低いほど，画素数は多い。

〔　　　〕

2 デジタル画像で表現できる色数として最も適切なものを，次のア〜エから選び，記号で答えましょう。

ア　RGB2 階調の場合は 2 通りの色を表現できる。

イ　RGB2 階調の場合は 4 通りの色を表現できる。

ウ　RGB256 階調の場合は約 2560 通りの色を表現できる。

エ　RGB256 階調の場合は約 1677 万通りの色を表現できる。

〔　　　〕

もっとくわしく

画像のデータ量を求めるには？

　ビットマップ画像のデータ量は，「**1 画素あたりのデータ量×画素数**」で求められます。1 画素あたりのデータ量とは「**1 色あたりのデータ量×色の数**」のことです。たとえば，1 色あたりのデータ量が 8 ビットで色の数が 3，つまりフルカラーの場合に画素数が 480 × 320 だとすると「8 ビット× 3 × 480 × 320 = 3686400 ビット」です。キロバイトに換算すると「3686400 ÷ 8 ÷ 1024 = 450」なので，この画像サイズは 450 KB と求められます。つまり，使う色数が多く，画素数が多いほど，画像のサイズは大きくなるということです。

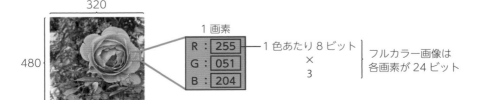

復習テスト ❸

➡ 答えは別冊20ページ

❸章 コンピュータのしくみとデジタル化

1

コンピュータの5つの基本装置でないものを，次のア～エから選びなさい。

【5点】

ア　入力装置　　イ　演算装置　　ウ　制御装置　　エ　連動装置

〔　　　　　〕

2

次のア～エを，応用ソフトウェアと基本ソフトウェアに分類しなさい。

【各5点　計10点】

ア　OS

イ　Web ブラウザ

ウ　動画編集ソフトウェア

エ　スマートフォンのチャットアプリ

応用ソフトウェア：〔　　　　　〕　　基本ソフトウェア：〔　　　　　〕

3

32 ギガバイト（GB）の容量を持つ音楽プレーヤには，1曲あたり 8 MB の音声データを何曲保存できるか答えなさい。

【10点】

〔　　　　　〕

4

$101101010_{(2)}$は，16 進数だといくつになるか答えなさい。

【10点】

〔　　　　　〕

5

以下の論理回路の真理値表を完成させなさい。

【各5点　計20点】

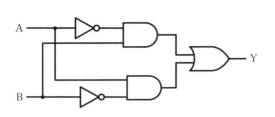

入力		出力
A	B	Y
0	0	〔　　〕
0	1	〔　　〕
1	0	〔　　〕
1	1	〔　　〕

6

デジタル画像の説明として最も適切なものを，次のア〜エから選びなさい。

【5点】

ア　解像度が高いほど画像は粗くなる。

イ　階調が多いと表現できる色の数は少なくなる。

ウ　デジタル画像を構成する最小の単位をピクセルと呼ぶ。

エ　解像度の単位でよく使われるのは bps である。

〔　　　　　　〕

7

ビットマップ画像で，1色あたりのデータ量が1ビット，色の数が3である，各色2階調の画像で画素数が 1024 × 768 の場合，画像のデータ量は何キロバイト（KB）になるか答えなさい。

【20点】

〔　　　　　　〕

8

PCM 方式で記録された音声データで，サンプリング周波数が 48kHz，量子化ビット数が 24 ビット，チャンネル数が 2 の場合の，5分間の音声データは何キロバイト（KB）になるか答えなさい。小数点以下は四捨五入すること。

【20点】

〔　　　　　　〕

33 ネットワークって何だろう？

情報通信ネットワーク

ネットワークとは，複数の要素を網の目のようにつなぎ，協調しながらものごとを進めていくしくみです。その中で，情報技術におけるネットワークを**情報通信ネットワーク**といい，複数のコンピュータをケーブルや無線で接続することで互いに通信できるようにしたものを指します。スマートフォンなどで使われる電話回線や街なかにある Wi-Fi スポットなども，情報通信ネットワークの一部です。情報通信ネットワークがないと，電子マネーや銀行の ATM を使用できませんし，スマートフォンで動画や SNS を閲覧することもできません。情報社会ではもはや，情報通信ネットワークはライフラインとなっています。本書でネットワークとは，この情報通信ネットワークのことを指します。

> コンピュータ以外にも，鉄道網や道路網を指す「交通ネットワーク」や人間のつながりを指す「人的ネットワーク」などがあるよ。

ネットワークには，参加しているコンピュータが設置される範囲の広さによって LAN（Local Area Network）と WAN（Wide Area Network）という分類があります。**LAN とは，自宅や学校といった比較的限られた範囲内のネットワークです。** これに対して **WAN とは，学校間や会社間といった地理的に離れたコンピュータ同士をつなぐ，LAN より広いネットワークのことです。** WAN 同士や通信事業者が持つ回線などが互いにつながることで，世界規模の「ネットワークのネットワーク」が作られます。この世界規模のネットワークのことを**インターネット**といいます。なお，自宅や学校からインターネットに接続するには，p.32 でも解説した**プロバイダ（ISP）** との契約が必要です。

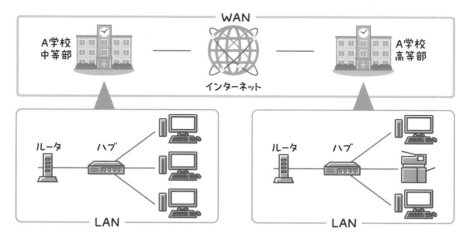

 【大事な用語】
情報通信ネットワーク，LAN（Local Area Network），WAN（Wide Area Network），インターネット，プロバイダ（ISP）

基 本 練 習

→ 答えは別冊 10 ページ

1 情報通信ネットワークの説明として最も適切なものを，次のア〜エから選び，記号で答えましょう。

ア　人と人が情報をやりとりするつながりのこと。

イ　街じゅうに張り巡らされた交通網のこと。

ウ　単語同士の関連性を示したもの。

エ　回線によってコンピュータ同士が互いに通信できるようにしたもの。

〔　　　　〕

2 <u>情報通信ネットワークではないもの</u>を，次のア〜エから選び，記号で答えましょう。

ア　街なかにある Wi-Fi

イ　鉄道の路線図

ウ　スマートフォンの電話回線

エ　ケーブルテレビの回線

〔　　　　〕

3 次のア〜エにあてはまる語句を答えましょう。

自宅や学校といった，比較的限られた範囲のネットワークを〔　ア　〕といいます。一方，学校間や会社間といった地理的に離れたコンピュータ同士をつなぐ，〔　ア　〕より広いネットワークを〔　イ　〕といいます。そして，〔　イ　〕同士や通信事業者が持つ回線などによって世界規模でつながったネットワークのことを〔　ウ　〕といい，自宅から〔　ウ　〕に接続するには〔　エ　〕との契約が必要です。

ア：〔　　　　　　　　〕　　イ：〔　　　　　　　　〕

ウ：〔　　　　　　　　〕　　エ：〔　　　　　　　　〕

34 ネットワーク ネットワークの構築に必要なもの

ネットワーク内のコンピュータ同士がデータのやりとりを行うためには，コンピュータ以外にも装置が必要です。ネットワークを構築する装置の中で中心的な役割を果たすのは，コンピュータ，回線，ルータの３つです。ここではその具体的な役割について学びましょう。

【コンピュータ】

ネットワークの構築には，そのネットワークに参加するコンピュータが必要です。ただし，ここでいうコンピュータは，いわゆるパソコンだけではありません。スマートフォンやプリンタ，スキャナ，通信機能を持つゲーム機なども含まれます。また近ごろでは，スマートスピーカーなどのネットワークの通信が可能な家電，いわゆる IoT 家電（p.20 参照）を含む場合もあります。

【回線】

データの通り道が回線です。回線には，光ファイバーや銅などのケーブルや，電波を利用した無線などがあります。自宅のパソコンをインターネットに接続するには，プロバイダとの契約が必要ですが，プロバイダと自宅の間にもケーブルが通じています。またスマートフォンなどの場合は「通信キャリア」と呼ばれる事業者と契約しますが，こちらもプロバイダの一種です。スマートフォンでは，4G（第4世代移動通信システム）や 5G（第5世代移動通信システム）と呼ばれる無線を使用します。

5Gによって
大容量の通信が
高速で行えるようになるよ

ぼくのスマホは
5Gだ！

これからさらに
5Gのエリアが広がるのかな

【ルータ】

異なるネットワーク同士をつなげる装置のことをルータといいます。自宅や学校のルータがプロバイダのルータにつながり，それがまた別の組織のルータにつながっていくことで「ネットワークのネットワーク」が構成されています。ネットワークは網の目状になっているため，目的のコンピュータまでのルートは何通りもあります。そのため，どのルートを通って通信するのかを決める必要があります。この，宛先までの経路を決定することをルーティング（経路選択）といい，ルータは，ルータ内にある経路の情報を記録したルーティングテーブルを参照して通信の道筋を決定します。

【大事な用語】
コンピュータ，回線，5G，ルータ，ルーティング（経路選択），ルーティングテーブル

1 5 G の説明として最も適切なものを，次のア～エから選び，記号で答えましょう。

ア　自宅や学校からのインターネット接続を提供する事業者のこと。

イ　スマートフォンなどがインターネット接続する際に使われる無線。

ウ　比較的限られた範囲内のネットワークのこと。

エ　ネットワークの通信が可能な家電のこと。

〔　　　　〕

「もっとくわしく」を読んでチャレンジ！

2 ルーティングに関する次の文を読み，正しいものには〇，誤っているものには×を
書きましょう。

(1)　異なるネットワーク同士をつなげる装置のことをルータという。

〔　　　　〕

(2)　ルーティングテーブルには経路の情報が登録されている。

〔　　　　〕

(3)　ルーティングでは目的のコンピュータまでの経路は 1 つに決まっている。

〔　　　　〕

もっとくわしく

ルーティングってどうやって行われているの？

　ルータは隣接するほかのネットワークのルータにデータを届けることしかできません。どのルータにデータを渡せば目的地に届くかの調査は，隣接ルータとの経路情報のやりとりによって行われます。そして通信が転送された次のルータでは，また次のルータまでの経路を決定します。これを繰り返すことで，目的のコンピュータまでデータが届けられます。さまざまな拠点を中継してゴールに到達するものなので，バケツを次の人へ渡していく「バケツリレー」をイメージするとよいでしょう。

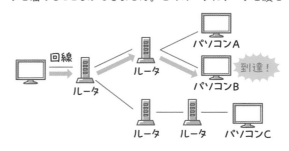

35 ネットワークの接続形態は？

LAN

　ネットワークを構築する際，装置同士を接続するには有線 LAN と無線 LAN という，２つの方式があります。

【有線LAN】

　有線 LAN は，装置同士を銅などでできた物理的なケーブル（LAN ケーブル）を使って接続する方式です。ハブと呼ばれる集線装置に複数のコンピュータを LAN ケーブルで接続することで，LAN が構築できます。そこからほかのネットワークやインターネットに接続するには，LAN ケーブルを使ってルータにつなぎます。なお，家庭用のルータはたいていハブを内蔵しています。

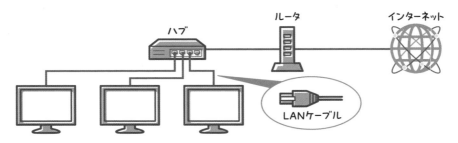

【無線LAN】

　無線 LAN は，コンピュータをネットワークに接続する際に，ケーブルではなく電波で接続する方式です。無線 LAN は，無線 LAN 機器の業界団体の名を取って Wi-Fi とも呼ばれます。有線 LAN はハブが中心となって構築されますが，無線 LAN ではその役をアクセスポイントが担います。また，ルータとアクセスポイントの機能が搭載された Wi-Fi ルータという装置もあります。

　無線 LAN はケーブルを使わないので，配線のわずらわしさから解放されるというメリットがあります。ただし，電波が届かないほどアクセスポイントが離れていると接続できない，有線 LAN に比べて通信が不安定というデメリットがあります。

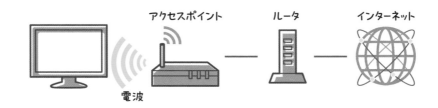

【大事な用語】
有線LAN，LANケーブル，無線LAN，Wi-Fi，アクセスポイント，Wi-Fiルータ

基本練習

→ 答えは別冊 10 ページ

1 インターネットへの接続を有線 LAN で行う際，設置する集線装置を何といいますか。〔　　〕にあてはまるものを，次のア～エから選び，記号で答えましょう。

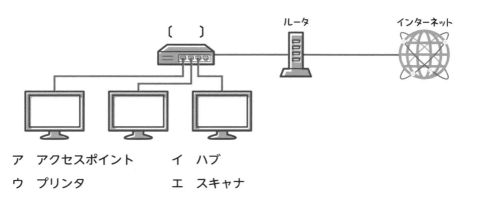

ア　アクセスポイント　　イ　ハブ

ウ　プリンタ　　　　　　エ　スキャナ

〔　　　　〕

2 無線 LAN の説明として最も適切なものを，次のア～エから選び，記号で答えましょう。

ア　ケーブルやルータの設置場所といった物理的な制約を受けやすい。

イ　世界規模でつながったネットワークのことである。

ウ　アクセスポイントからの電波が届かないと接続できない。

エ　有線 LAN と比較して安定した通信を行える。

〔　　　　〕

3 Wi-Fi の説明として最も適切なものを，次のア～エから選び，記号で答えましょう。

ア　有線 LAN の別称である。

イ　無線 LAN の別称である。

ウ　電気通信事業者の一種である。

エ　プロバイダの一種である。

〔　　　　〕

36 データ通信方式
データを運ぶ方式は2つある！

ネットワークにおけるデータ通信の方式には，**回線交換方式**と**パケット交換方式**の2つがあります。

【回線交換方式】

回線交換方式では，自分と通信相手との間の回線を独占的に確保したうえで通信します。通信中はお互いの回線を占有してしまうため，ほかの人とは通信できなくなってしまいます。

回線交換方式が使われている代表的なものは電話です。たとえば，AさんとBさんが電話している間は，CさんがAさんに電話しようとしても「お話し中」になってしまい，回線を確保できていないCさんはAさんに電話できません。

【パケット交換方式】

パケット交換方式では，データを**パケット**と呼ばれる断片に細分化して送信します。パケットとは「小包」の意味で，小分けにされたデータを順番に送信していく様子から呼ばれています。各パケットにはもとのデータのほか，送信元や送信先などの識別情報を記録した**ヘッダ**と呼ばれるデータも追加されています。そのため，多様なパケットが回線内に混在していても，受信側ではヘッダに基づいてパケットをもとの情報に復元できます。

面倒な処理に思えますが，**パケットは1つ1つのデータが小さいため，大きなデータに回線を占有されることがなくなり，1つの回線に複数のデータを混在させて効率的に利用できます。**ただし回線を独占しない分，回線が混雑すると通信に遅れが発生することがあります。

情報通信ネットワークでは多数のコンピュータがつながって同時に通信するので，基本的にパケット交換方式が使われます。

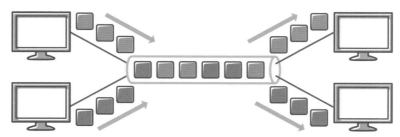

異なる宛先のパケットを同じ回線に混在できる

【大事な用語】
回線交換方式，パケット交換方式，パケット，ヘッダ

基 本 練 習

→ 答えは別冊 10 ページ

1 次の〔　　　〕にあてはまる語句を答えましょう。

通信相手との回線を独占的に確保したうえで通信を行う方式を〔　　　　　　　　　〕

といいます。一方，データをパケットと呼ばれる断片に分割して通信する方式を

〔　　　　　　　　　　　　　〕といいます。

2 データをパケットに分割して通信する方式について，正しいものには〇，誤っているものには×を書きましょう。

(1) データを一度パケットにしてしまうと，もとの情報に復元することはできない。

〔　　　　〕

(2) 通信速度が常に安定している。

〔　　　　〕

(3) 異なる通信相手へのパケットを同じ回線上に混在させることが可能。

〔　　　　〕

もっと くわしく

スマートフォンの「パケット通信料金」

　スマートフォンを日々利用していて気になるのが，「パケット通信料金」でしょう。パケット通信料とは，まさにパケット交換方式の「パケット」の通信にかかる料金のことで，メッセージの送受信や動画の視聴などで利用したパケットの量に応じてかかる金額のことなのです。

意外と身近な
ものなんだね。

37 通信には「約束ごと」がある
プロトコル

　人間同士の会話の場面で，一方が英語で話し，もう一方が日本語で話そうとしていては，コミュニケーションが成立しません。どちらかの言語に合わせるか，共通の言語を使用する必要があります。これと同様，世の中にはさまざまなコンピュータが混在しているので，ネットワークの通信では，送信側と受信側の双方で共通のルールを決めているのです。こうした通信における決まりごと（通信規約）を<u>プロトコル</u>といいます。

ルールがないとき
Can you pass me the pen?
わかんない…

ルールがあるとき
そのペン取って？
なるほど！

　インターネットでは<u>TCP/IP</u>と呼ばれる，**TCP**と**IP**という2つのプロトコルを中心としたプロトコル群が使われます。TCP/IPによる通信では**4階層モデル**という概念がベースになっています。4階層モデルは，通信の過程に必要な役割を4段階に分類したもので，TCP/IPのプロトコル群は4つのいずれかの階層に属しています。

代表的なプロトコル

		代表的なプロトコル
第4層	**アプリケーション層** アプリケーションの通信手段を提供する	HTTP　SMTP　POP　IMAP Webページの通信　メール送信　メール受信
第3層	**トランスポート層** 通信の信頼性を決める	TCP　　　　UDP 信頼性の高い通信　リアルタイム性が 必要な通信（動画配信など）
第2層	**インターネット層** データを宛先まで届ける	IP ルーティング機能の提供
第1層	**ネットワークインタフェース層** 物理的な通信手段を提供する	イーサネット　　Wi-Fi 有線LAN　　　無線LAN

　各層の役割を担うプロトコルにはいくつか種類があり，通信によってプロトコルを使い分けます。たとえば第4層では，Webページの通信ならHTTP，メールの送受信ならSMTPとPOPが使われます。各層は独立しているので，ある層のプロトコルを変更してもほかの層に影響がありません。そのため，たとえば「HTTP＋TCP＋IP＋イーサネット」を「SMTP ＋ TCP ＋ IP ＋無線LAN」に変更するといった，用途に応じたプロトコルの組み替えが可能です。

[大事な用語]
プロトコル，TCP/IP，TCP，IP，4階層モデル

基本練習

➡ 答えは別冊 11 ページ

1 SMTP とは何を行うプロトコルか，最も適切なものを次のア～エから選び，記号で答えましょう。

　ア　Web ページの通信を行う。

　イ　遠隔地にあるコンピュータを操作する。

　ウ　ファイル転送を行う。

　エ　メールの送信を行う。

〔　　　〕

2 TCP/IP の 4 階層モデルにおいて，階層が分かれていることによるメリットを次のア～エから選び，記号で答えましょう。

　ア　1 つの回線に複数のデータを混在できること。

　イ　Web ページの色や大きさをデザインできること。

　ウ　通信したい内容に合わせてプロトコルの組み替えが可能なこと。

　エ　不正アクセスを防止できること。

〔　　　〕

もっとくわしく

トランスポート層の役割は何だろう？

　4 階層モデルのトランスポート層について，補足しておきましょう。第 1 層のネットワークインタフェース層では，有線 LAN や無線 LAN でコンピュータをネットワーク回線に接続します。そのうえで，IP プロトコルがルーティングを提供します。この **IP プロトコルが作ったネットワーク上で，信頼性の高い通信を実現するのが，TCP プロトコルの役割**です。一方，音声通話や動画配信など，信頼性よりもリアルタイム性が求められる場合は，TCP ではなく UDP が使われます。このように，IP プロトコルによるネットワーク上で，通信の信頼性を決めるのがトランスポート層の役割なのです。

コンピュータ A（送信側）		コンピュータ B（受信側）
データ アプリケーション層	HTTP プロトコル	アプリケーション層 データ
トランスポート層	TCP プロトコル	トランスポート層
インターネット層	IP プロトコル	インターネット層
ネットワークインタフェース層	イーサネット	ネットワークインタフェース層

データ → データ → データ

38 IPアドレス 通信相手を特定する「IP アドレス」

郵便物や宅配便では郵便番号と住所が宛先に使われるように，インターネットでは**IP アドレス**という宛先が使われます。IP アドレスは，**IP プロトコルで通信を行うコンピュータや機器に割り当てられる番号**です。この番号によって，回線を流れるパケットがどのコンピュータあての通信なのかを識別できます。

IP アドレスは 2 進数の数値であり，32 ビットで構成されています。2 進数のまま表記するとわかりにくいので，8 ビットずつピリオド（.）で区切り，10 進数で表記します。

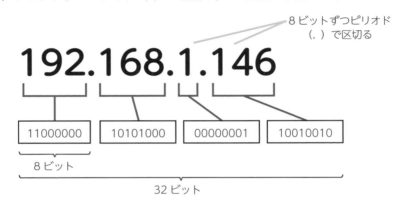

8 ビットずつピリオド
（.）で区切る

192.168.1.146

| 11000000 | 10101000 | 00000001 | 10010010 |

8 ビット

32 ビット

IP アドレスはコンピュータの住所を表すものなので，インターネット上で 1 つに確定する必要があります。現在使われている 32 ビットの IP アドレスの方式では，2^{32} 個（約 43 億個）の IP アドレスしか用意できないので，インターネットの利用人口の増加に伴い IP アドレスの枯渇が課題となっています。そのため，インターネット接続時には個別の IP アドレスである**グローバル IP アドレス**，LAN 内ではそれぞれのネットワーク内で独自の**プライベート IP アドレス**が使われています。電話にたとえると，グローバル IP アドレスは外線番号，プライベート IP アドレスは内線番号です。

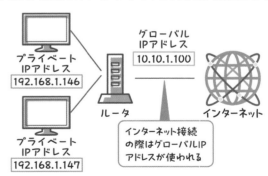

プライベート
IP アドレス
192.168.1.146

プライベート
IP アドレス
192.168.1.147

ルータ

グローバル
IP アドレス
10.10.1.100

インターネット

インターネット接続
の際はグローバルIP
アドレスが使われる

【大事な用語】
IPアドレス，グローバルIPアドレス，プライベートIPアドレス

1 IP アドレスに関する次の文を読み，正しいものには〇，誤っているものには×を書きましょう。

(1)　IP アドレスは，IP ネットワークにおいて，通信相手を識別するための番号である。

〔　　　　〕

(2)　IP アドレスは，SMTP によって提供されるしくみである。

〔　　　　〕

(3)　スマートフォンには，IP アドレスは割り当てられない。

〔　　　　〕

(4)　プライベート IP アドレスは，インターネット上で 1 つに確定する番号である。

〔　　　　〕

2 「1110110　10010111　10010010　00000001」という IP アドレスを，10 進数を使った表記に直しましょう。

〔　　　　〕

もっと くわしく

IP アドレスの新しい規格

　現在使われている 32 ビットの IP アドレスの方式を，**IPv4** 〔アイピーブイフォー〕 といいます。IPv4 では 2^{32} 個の IP アドレスしか用意できないので，グローバル IP アドレスとプライベート IP アドレスというしくみがありながらも，依然として，IP アドレスの枯渇は課題となっています。そこで策定されたのが **IPv6** 〔アイピーブイシックス〕 です。IPv6 では 128 ビットの IP アドレスを使用するので，2^{128} 個もの IP アドレスが用意できます。そのため現在，IPv4 から IPv6 への移行が進められています。

39 (Webブラウザ) Web ページが 閲覧できるしくみ

ここまででネットワークの基礎について学んできました。ここからはそのネットワークを通じて、Web ページがなぜ閲覧できるのかについて学んでいきましょう。

Web ページを閲覧するには、Web ページを閲覧するソフトウェアである **Web ブラウザ**を使って、Web ページがある場所を表すための住所に相当する URL を指定してアクセスします。たとえば、株式会社 Gakken の公式サイトの URL は「https://www.corp-gakken.co.jp/」です。

そもそも Web サイトが閲覧できるということは、**その Web サイトのデータを保存・提供しているコンピュータが世界中のどこかに存在しているということ**です。Web ブラウザに URL が入力されると、Web ブラウザはその Web サイトを提供するコンピュータへの通信を開始します。そして、そのコンピュータは Web ページを返すので、Web ブラウザは受け取った Web ページを画面上に表示します。

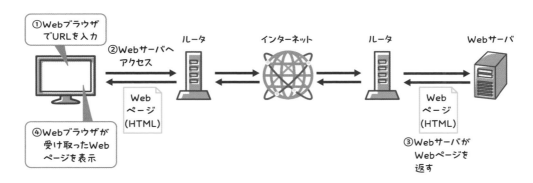

求めに応じて機能を提供するコンピュータのことを**サーバ**といいます。そして、Web サイトを提供するサーバのことは **Web サーバ**といいます。一方、機能を利用する側のコンピュータのことを**クライアント**といいます。サーバは「提供者」、クライアントは「依頼者」という意味で、Web サイトを閲覧する側のコンピュータはクライアントです。両者の間でインターネットを介して通信が行われ、この関係性を**クライアントサーバシステム**といいます。Web ページの閲覧の裏では、このクライアントサーバシステムが動作しているというわけです。

 【大事な用語】
Webブラウザ, URL, サーバ, Webサーバ, クライアント, クライアントサーバシステム

1 Web サイトを閲覧する際の流れになるように，次のア〜エを並べ替えましょう。

ア　Web ブラウザが，受け取った Web ページを表示する。

イ　Web サーバが，Web ページのデータを送る。

ウ　Web ブラウザで URL を入力する。

エ　Web ブラウザが，Web サーバへアクセスする。

〔　　　　〕→〔　　　　〕→〔　　　　〕→〔　　　　〕

「もっとくわしく」を読んでチャレンジ！

2 クライアントサーバシステムのメリットとはいえないものを，次のア〜エから選び，記号で答えましょう。

ア　処理の負荷が分散できる。

イ　トラブルの発生時に原因の切り分けがしやすい。

ウ　クライアントとサーバで，別々に機能をアップデートできる。

エ　Web ページ上に画像を挿入できる。

〔　　　　〕

もっとくわしく

「クライアントサーバシステム」のメリット

　クライアントサーバシステムは，Web サーバは Web サイトのデータを提供し，クライアントはそのデータを見やすく整形するだけといったように，役割分担がされています。これは，1 つのコンピュータに何でも行わせるより，複数のコンピュータに役割分担させたほうが処理の負荷を分散できるからです。また，Web ページが閲覧できない，閲覧できるが表示が崩れているといったトラブルが起こったときに原因の切り分けがしやすい，別々に機能をアップデートできるといったメリットもあります。

40 URL の構成は？

ここでは URL の詳細について学びましょう。URL は Web ページの住所を表す文字列です。URL は, スキーム名, ドメイン名, パス名という大きく 3 つの要素で構成されています。

https://www.example.co.jp/index.html
　　　　①　　　　　　②　　　　　　　　③

番号	名称	概要
①	スキーム名	URL が表す情報へアクセスする際の手段の指定。Web ページの場合は http か https になる。ほかには, パソコン内にあるファイルを表す「file」やメールを送る「mailto」などがある。
②	ドメイン名 (完全修飾ドメイン名)	Web サーバの場所を表す文字列。
③	パス名	Web サーバに保存されたファイルの場所。

ドメイン名 (完全修飾ドメイン名) とは, Web サーバの IP アドレスと対応した文字列であり, 相互変換できます。IP アドレスは人間が記憶しづらいので, URL には「example.co.jp」といったドメイン名がよく使われます。ただし, 実際のコンピュータはドメイン名ではなく IP アドレスで Web サーバの場所を識別しています。Web ブラウザから Web ページを閲覧する際, URL に含まれているドメイン名から IP アドレスへの変換が行われます。このドメイン名と IP アドレスの対応付けを管理するしくみを DNS (ドメインネームシステム), DNS の働きを担うサーバを DNS サーバといいます。

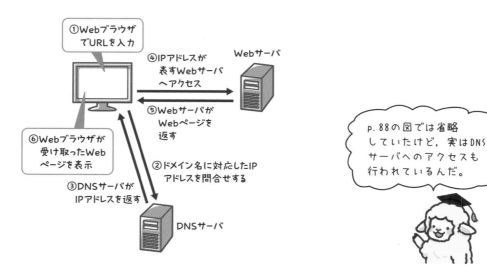

①Webブラウザ
でURLを入力

④IPアドレスが
表すWebサーバ
へアクセス

Webサーバ

⑤Webサーバが
Webページを
返す

⑥Webブラウザが
受け取ったWeb
ページを表示

②ドメイン名に対応したIP
アドレスを問合せする

③DNSサーバが
IPアドレスを返す

DNSサーバ

p.88の図では省略
していたけど, 実はDNS
サーバへのアクセスも
行われているんだ。

[大事な用語]
ドメイン名, DNS (ドメインネームシステム), DNSサーバ

基本練習

→ 答えは別冊 11 ページ

1 以下の URL の①〜③が表すものを，次のア〜ウから選び，記号で答えましょう。

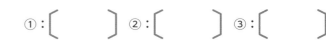

https://www.corp-gakken.co.jp/index.html

① ② ③

ア パス名　イ ドメイン名　ウ スキーム名

①：[　　　]　②：[　　　]　③：[　　　]

2 ドメイン名について，正しいものには〇，誤っているものには×を書きましょう。

(1) ドメイン名は使っている Web ブラウザの IP アドレスに対応した文字列である。

[　　　]

(2) ドメイン名と IP アドレスの対応付けを管理するしくみを DNS という。

[　　　]

もっとくわしく

Web を支える「リンク」機能

　ここでは URL について学びましたが，実際，パソコンやスマートフォンで Web サイトを閲覧する際，URL を自分で入力することはほぼありませんよね。Web サイト上に掲載された文字列やアイコン，画像などをクリックすることがほとんどでしょう。これは文字列やアイコン，画像などには移動先の URL が設定されており，これらをクリックすることで，その URL への通信が行われているためです。このように，Web ページには，ほかの Web ページの URL を埋め込むことができます。このしくみを**ハイパーリンク(リンク)** といいます。ハイパーリンクのおかげで，Web ページからほかの Web ページへ，さらに次の Web ページ……というように，ページをたどることができるのです。

クリック

ほかのページが表示される

41 **Webページ** Web ページって何で作られているの？

Web ページの正体は，HTML（エイチティーエムエル）と呼ばれる言語で記述されたテキストデータです。パソコンやスマートフォンで Web サイトを閲覧する際，**Web ブラウザは Web サーバから受け取った HTML を解析することで Web ページを表示している**のです。

【画面】

名前を入力してください。

お名前：□　登録する

【HTML】

```
<form id="shimeiform" action="test">
<h1>名前を入力してください。</h1>
<label for="shimei">お名前：</label>
<input type="text" id="shimei"/>
<input type="submit" id="toroku" value="登録する"/ >
</form>
```

WebブラウザがHTMLを解析
してWebページを表示

HTML では，画面に配置したい画像や文章，ボタンなどといった部品を**タグ**を使って記述します。タグは <> で囲まれた文字列のことです。HTML にはたくさんのタグが用意されています。

【代表的なタグ】

タグ	概要
<html>	HTML の開始を表す。HTML は必ず全体をこのタグで囲む必要がある。
<h1> ～ <h6>	見出しを作成する。数字が大きくなるほど，小さい見出しになる。
<input>	入力欄やボタンを作成する。
<img>	画像を挿入する。
<a>	ハイパーリンクを作成する。

HTML は，Web ページの構造やボタンと画像といった要素を指定するための言語です。Web ページに色や大きさといったデザインを加えるには CSS（シーエスエス）（カスケーディングスタイルシート）という記法を使います。

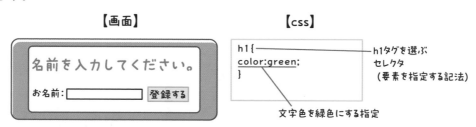

【画面】

名前を入力してください。

お名前：□　登録する

【css】

```
h1{
color:green;
}
```

h1タグを選ぶ
セレクタ
（要素を指定する記法）

文字色を緑色にする指定

〔大事な用語〕
HTML, タグ, CSS（カスケーディングスタイルシート）

基本練習

→ 答えは別冊 12 ページ

1 次のア～ウにあてはまる語句を答えましょう。

　Web ページは，〔　ア　〕と呼ばれる記法を使って記述されたテキストファイルがもとになっています。Web ブラウザは〔　イ　〕より受け取った〔　ア　〕を解析することで Web ページを表示します。Web ページの色や大きさなどのデザインは，〔　ア　〕に対して〔　ウ　〕を使うことで行います。

ア :〔　　　　　　　　〕　イ :〔　　　　　　　　〕　ウ :〔　　　　　　　　〕

2 Web ページの作成において，①～④を行うタグは，次のア～エのうちのどれに該当するかを記号で答えましょう。

①ハイパーリンクを作成する。　　②画像を挿入する。

③見出しを作成する。　　　　　　④入力欄やボタンを作成する。

ア　<h1>　　　イ　<input>　　　ウ　<img>　　　エ　<a>

①:〔　　　　〕　②:〔　　　　〕　③:〔　　　　〕　④:〔　　　　〕

もっとくわしく

Web ページの「Web」って何だろう？

　Web ページの Web は，**W W W**（World Wide Web）をいいやすくした呼び方です。WWW とは，HTTP プロトコルや URL，HTML，ハイパーリンク，Web ブラウザといった，Web ページが閲覧できるしくみ全体を指す言葉です。ネットワークでは，Web だけではなくメールやファイルの送受信なども行えます。その中で，Web のしくみに対して付けられた名称が WWW なのです。あるページからほかのページへ，さらに次のページ……というように，Web ページをたどって閲覧できるのは，WWW のおかげというわけですね。

42 通信速度
ネットワークの通信速度を表す方法

　ファイルをダウンロードする際や動画の閲覧中に，画面が固まったり読み込みがなかなか終わらなかったりすることがありませんか？　これは，回線の混雑などによってネットワークの通信速度が遅くなっていることが原因です。ここではネットワークの通信速度の表し方を学んでいきましょう。通信速度は，1秒間に何ビットのデータを送信できるかを <u>bps（bits per second）</u> という単位で表します。1秒間に1ビットのデータを送れるなら1 bpsとなります。さらに大きな通信速度は，1000 bps を **1 kbps**，1000 kbps を **1 Mbps** のように表します。なお，p.50で説明した通り通信速度ではビット，記憶容量ではバイトが主に使われるので単位の違いに注意しましょう。接頭辞についても，データ量では $2^{10}=1024$ ごとに変化させる場合がありますが，bps の場合は $10^3=1000$ ごとに変化させます。

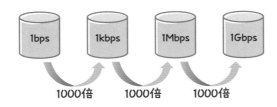

　回線の bps がわかっている場合，あるデータ量の転送時間は，以下の式で求められます。

【データの送信時間】

$$データの送信時間[秒]=データ量[bit]\div\left(通信速度[bps]\times\frac{伝送効率[\%]}{100}\right)$$

　この式に出てくる伝送効率とは，利用者数やノイズなどを考慮すると実際どのぐらいの速度になるのかを，通信速度［bps］に対する割合［％］で示した値です。たとえば，64 kbps の回線で伝送効率が80％なら，実際の速度は $64\,\mathrm{kbps}\times\dfrac{80}{100}=51.2\,\mathrm{kbps}$ となります。また，この回線を使って1 MB のデータを送信するのにかかる時間は，以下のように求められます。なお，計算する際は単位を揃える必要がある点に注意しましょう。

1 [MB] ÷51.2 [kbps]

$=\dfrac{1\times1024\times1024\times8\,[\mathrm{bit}]}{51.2\times1000\,[\mathrm{bps}]}$

$=163.84$ [秒]

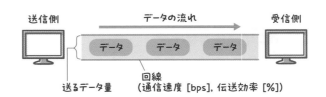

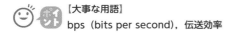
［大事な用語］
bps（bits per second），伝送効率

基 本 練 習

→ 答えは別冊 12 ページ

1 次の〔　〕にあてはまる語句を答えましょう。

通信速度は，1 秒間に 1 ビットのデータを送れるなら〔　　　　　〕bps，1 秒間に 100

ビットのデータを送れるなら〔　　　　〕bps と表せます。

2 200000bps は何 Mbps になるか，答えましょう。

〔　　　　　　　　　　〕

3 10 Mbps の回線で伝送効率が 90% の場合，3 MB のデータの転送時間はいくつに
なるか，答えましょう。なお，答えは小数点以下第 3 位を四捨五入して答えてくだ
さい。

〔　　　　　　　　　　〕

もっとくわしく

ベストエフォートって何だろう？

　スマートフォンを購入する際やプロバイダと契約する際，通信速度（bps）の説明欄をよく見ると「ベストエフォート」という文言が書かれているはずです。**ベストエフォート（best effort）** とは「可能な限り最善を尽くす」という意味です。データの込み具合や混入するノイズ，基地局からの距離などによって，データの転送速度は変化します。常に同じ速度が出せるとは限らないので，「理論上の bps はこの値だけど，状況によってはこの速度とは限らないよ」という意味で，ベストエフォートと書かれているのです。

43 情報技術を利用した犯罪とは？

　ネットワークの発展は私たちの生活に多くのメリットをもたらしましたが,その一方で,コンピュータやネットワークを悪用する<u>サイバー犯罪</u>も増加してきました。サイバー犯罪は主に,以下の3つに分類されます。

【不正アクセス禁止法違反】

　他人のユーザIDやパスワードを入力したり,ソフトウェアの欠陥を利用したりすることで,本来アクセスできない情報やシステムに不法にアクセスする犯罪のことです。これは,<u>不正アクセス禁止法</u>という法律で禁止された行為です。他人のユーザIDやパスワードを使う,他人になりすます行為だけではなく,他人のユーザIDとパスワードを盗んだり販売したりする行為も禁止されています。

【コンピュータ・電磁的記録対象犯罪】

　ネットワークに接続されたコンピュータを不正に操作したり,保存されたデータの改ざん・破壊などをしたりする犯罪のことです。たとえば金融機関の自身の口座に不正な入金を行ったり,他人のWebサイトを勝手に書き換えたりする行為が該当します。

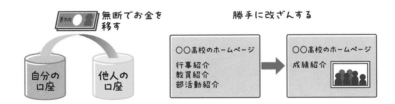

【ネットワーク利用犯罪】

　ネットワーク上のコミュニケーションを介して発生する犯罪行為のことです。電子掲示板やSNSでの誹謗中傷,脅迫,ネットオークションでの詐欺行為などが該当します。また,偽のWebサイトに誘導してクレジットカード番号などを入力させる<u>フィッシング詐欺</u>や,URLを一度クリックしただけで購入や契約をしたとして高額な請求を行う<u>ワンクリック詐欺</u>なども,ネットワーク利用犯罪の一例です。

 〔大事な用語〕
サイバー犯罪,不正アクセス禁止法,フィッシング詐欺,ワンクリック詐欺

基 本 練 習

→ 答えは別冊 12 ページ

1 サイバー犯罪の種類をまとめた表について，空欄にあてはまるものを，次のア～ウから1つずつ選び，記号で答えましょう。

サイバー犯罪の種類	犯罪の例
不正アクセス禁止法違反	〔　　　〕
コンピュータ・電磁的記録対象犯罪	〔　　　〕
ネットワーク利用犯罪	〔　　　〕

ア　電子掲示板での犯行予告

イ　他人のユーザ ID やパスワードを無断で使用する行為

ウ　企業の Web サイトのデータを勝手に書き換える行為

2 フィッシング詐欺の説明として最も適切なものを，次のア～エから選び，記号で答えましょう。

ア　ネットワークを通じて，他人の口座から自身の口座に勝手に入金する行為。

イ　偽の Web サイトに誘導してクレジットカード番号などを入力させる行為。

ウ　所持していないものをネットオークションに出品する行為。

エ　ショッピングサイトで偽物のブランド品を販売する行為。

〔　　　〕

3 URL を一度クリックしただけで購入や契約をしたとして高額な請求を行う詐欺のことを，何といいますか。最も適切なものを，次のア～エから選び，記号で答えましょう。

ア　還付金詐欺　　　　イ　金融商品詐欺

ウ　ランサムウェア　　エ　ワンクリック詐欺

〔　　　〕

44 情報セキュリティ
情報セキュリティって何だろう？

サイバー犯罪の被害を防ぐために必要なことは**情報セキュリティ**の確保です。情報セキュリティとは，情報の**機密性**，**完全性**，**可用性**を確保することで，具体的には以下のような対応を指します。

【機密性】

機密性とは，情報に対して決まった人しかアクセスできないようにすることです。たとえばネットショッピングをする際，送り先の住所やクレジットカード情報などは，本人しか閲覧できないようにする必要があります。このとき，本人であるかどうかを確認する手段を**認証**といい，認証には**ユーザID**と**パスワード**が必要となるのが一般的です。

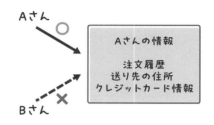

【完全性】

完全性とは，情報の不整合や欠損がないように一貫性を確保することです。たとえば，ネットショッピングの会員情報や電子マネーの残高などに誤りがあったり，悪意のある何者かによって改ざんされたりした場合，利用者に大きな損害が発生しかねませんよね。完全性の確保には，不正アクセスがないかを監視することや，**データベース**を使ってデータを一元管理し矛盾したデータのチェックや複数人でデータを上書きしあうことなどを防止するのが有効です。

【可用性】

可用性とは，情報へのアクセス権を持つ人が，必要なときにその情報を使える状態を確保することです。アクセス権があっても，情報を管理しているシステムが何らかの障害でダウンしていて情報にアクセスできないのでは元も子もありませんね。可用性の確保には，データのバックアップなど，システムの障害時でもアクセスできるしくみが必要です。

この3つの視点をもとに，企業や組織がセキュリティ対策の具体的な方法や行動指針をまとめたものを**情報セキュリティポリシー**といいます。

【大事な用語】
情報セキュリティ，機密性，認証，ユーザID，パスワード，完全性，データベース，可用性，情報セキュリティポリシー

基本練習

答えは別冊 12 ページ

1 次の図は，情報セキュリティを維持するために，確保が必要な 3 つの要素を表したものです。〔　〕にあてはまる語句を答えましょう。

〔　　〕性

情報の一貫性を
確保すること

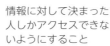

〔　　〕性

情報に対して決まった
人しかアクセスできな
いようにすること

〔　　〕性

必要なときにその情報
を使える状態を確保す
ること

2 情報セキュリティポリシーの説明として最も適切なものを，次のア～エから選び，記号で答えましょう。

ア　Web サイトで行われる認証のしくみ。

イ　企業や組織がセキュリティ対策の具体的な方法や行動指針をまとめたもの。

ウ　セキュリティ対策がされているかを検査するためのチェック項目をまとめたもの。

エ　ユーザ ID とパスワードを Web サイトごとにまとめたもの。

〔　　　　〕

もっとくわしく

認証の方法にはさまざまな種類がある

機密性の確保に重要な「認証」は，以下の 3 つの種類があります。

知識認証	生体認証	所持認証
本人しか知り得ない情報で行う認証。ユーザ ID とパスワードなど。	人間の身体ごとに異なる特徴で行う認証。指紋や顔，静脈，虹彩など。	本人しか所持していないもので行う認証。マイナンバーカードやパスポート，スマートフォンなど。

このような認証方式を 2 つ以上使うことでセキュリティを高める，**多要素認証**も，近ごろではよく見られるようになっています。

45 暗号化 情報の機密性を守る「暗号化」

情報の機密性を守るには，悪意のある者に読み取られても問題ないように情報自体を暗号化するという方法があります。**暗号化**とは，あるルールに沿ってデータを変換することで特定の人以外が解読できないようにする技術です。暗号化された情報を受け取った相手は，情報をもとの形式に戻す**復号**と呼ばれる操作を行います。ネットワーク上で情報をやりとりする際の代表的な暗号方式には，**共通鍵暗号方式**と**公開鍵暗号方式**があります。

共通鍵暗号方式は暗号化と復号で共通の鍵（**共通鍵**）を使う方式です。鍵とは，暗号化や復号の際に使う情報のことです。シンプルなしくみなのでわかりやすくはありますが，通信相手ごとに鍵の作成が必要であることや，第三者に知られないよう鍵の受け渡しを慎重に行う必要があるといったデメリットがあります。

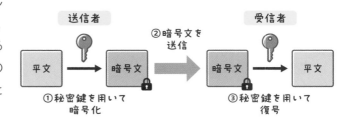

一方，公開鍵暗号方式とは，送信者は受信者の**公開鍵**を使って暗号化し，受信者は受信者の**秘密鍵**を使って復号する方式です。暗号をつくることしかできないので，誰にでも知られていい公開鍵で暗号化しますが，**その暗号文は公開鍵とペアの秘密鍵でしか復号できないため，復号に使う秘密鍵を持っている受信者しか復号できない**というしくみです。暗号化に使う鍵を公開鍵にすることで，同じ鍵をみんなに配れるので鍵の管理や配布がしやすくなります。

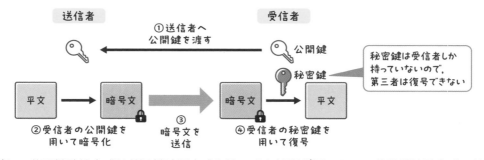

ただし，公開鍵暗号方式は共通鍵暗号方式と比べると処理が遅いので，公開鍵暗号方式で共通鍵の元になる情報を安全に受け渡しして，実際の通信は共通鍵方式で行う**セッション鍵方式（ハイブリッド暗号方式）**と呼ばれる方法が使われています。

😊 ポイ 【大事な用語】
暗号化，復号，共通鍵暗号方式，共通鍵，公開鍵暗号方式，公開鍵，秘密鍵，セッション鍵方式（ハイブリッド暗号方式）

基本練習

→ 答えは別冊 13 ページ

1 共通鍵暗号方式を表す以下の図について，以下のア〜イに「公開鍵」または「秘密鍵」のいずれかを答えましょう。

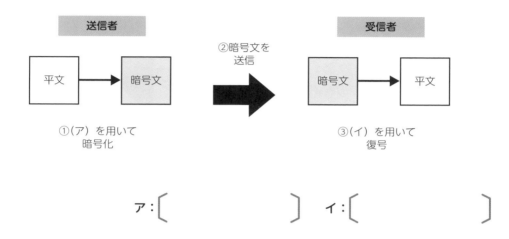

送信者　　②暗号文を送信　　受信者

平文 → 暗号文　　暗号文 → 平文

①（ア）を用いて
暗号化

③（イ）を用いて
復号

ア：〔　　　　　〕　イ：〔　　　　　〕

2 公開鍵暗号公式について<u>適切ではない</u>説明を，次のア〜エから選び，記号で答えましょう。

ア　暗号化に使う鍵は内密に受け渡す必要がある。

イ　通信相手ごとに鍵を作る必要がない。

ウ　共通鍵暗号方式に比べて鍵の配布はしやすい。

エ　共通鍵暗号方式より暗号化と復号の処理速度は遅い。

〔　　　〕

3 Aさんが，ある文章を公開鍵暗号方式で暗号化してBさんへ送った場合，Bさんが復号に用いる鍵は何か，次のア〜エから選び，記号で答えましょう。

ア　Aさんの公開鍵

イ　Aさんの秘密鍵

ウ　Bさんの公開鍵

エ　Bさんの秘密鍵

〔　　　〕

46 さまざまな情報セキュリティ対策手法

セキュリティ対策

情報セキュリティを確保する具体的な方法には，暗号化以外にも，さまざまなものがあります。

【ファイアウォールの設置】

機密性や完全性を確保するには**ファイアウォール**の設置が有効です。ファイアウォールは，LANとインターネットの接続点に配置する装置やソフトウェアのことであり，特定のルールにのっとって外部からのアクセスがLANに侵入することを遮断し，不正アクセスを防ぐことが可能です。

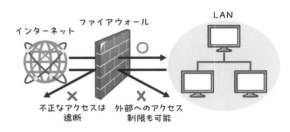

【マルウェアの感染防止】

ウイルスを始めとする，コンピュータ内部で悪意のある動作を行うソフトウェアを**マルウェア**といいます。機密性や完全性を確保するには，マルウェアの感染や侵入を阻止し，マルウェアの駆除も行う**ウイルス対策ソフトウェア**の導入も有効です。続々と新しいマルウェアが誕生しているので，**パターンファイル（ウイルスの定義ファイル）**は，常に最新のものを適用することが重要です。

【ユーザIDとパスワードの漏えい防止】

1人1人が取り組むべきこととして，ユーザIDやパスワードの漏えい防止があります。具体策として，短すぎる文字列や誕生日のような推測されやすい文字列を設定しないこと，ほかのWebサイトで登録したユーザIDとパスワードを使いまわさないことなどが挙げられます。

【ソーシャルエンジニアリング対策】

クレジットカードや口座の暗証番号を入力している際に，背後から盗み見たりゴミ箱から重要書類を抜き取ったりするなど，情報技術を使わずに人的ミスや不注意につけ込んで情報を盗む手法を**ソーシャルエンジニアリング**といいます。対策としては，重要な情報を入力している際は背後に注意を払う，重要書類を捨てる際はシュレッダーを使う，などが挙げられます。

このように，暗号化やファイアウォールといった情報技術だけではなく，ユーザIDとパスワードの漏えい防止といった**1人1人が取り組むべきセキュリティ対策があります**。その双方を対応させることで，情報セキュリティをより高めることができるのです。

【大事な用語】
ファイアウォール，マルウェア，ウイルス対策ソフト，パターンファイル（ウイルスの定義ファイル），ソーシャルエンジニアリング

基本練習

→ 答えは別冊 13 ページ

1 不正アクセスを遮断するために，LAN とインターネットの接続点に配置する装置を何といいますか。次のア～エから選び，記号で答えましょう。

ア　HTML　　　　　　　　イ　アクセスポイント
ウ　ハブ　　　　　　　　　エ　ファイアウォール

〔　　　〕

2 ユーザ ID とパスワードの管理の説明で最も適切なものを，次のア～エから選び，記号で答えましょう。

ア　パスワードには，誕生日や地名などを含めるとよい。
イ　ほかの Web サイトで登録したユーザ ID とパスワードは使いまわさないほうがよい。
ウ　パスワードは覚えやすいように，なるべく短い文字列にするとよい。
エ　パスワードは忘れないように，同じものを使い続けるとよい。

〔　　　〕

3 ウイルス対策の説明で<u>誤っているもの</u>を，次のア～エから選び，記号で答えましょう。

ア　ウイルス対策ソフトウェアはマルウェアの検知や駆除を行える。
イ　マルウェアは続々と新しいものが出現している。
ウ　ウイルスのパターンファイルは更新する必要はない。
エ　機密性や完全性の確保には，ウイルス対策ソフトウェアの導入が有効である。

〔　　　〕

4 情報技術を使わずに，人的ミスや不注意につけ込んで，情報を盗む手法を何といいますか。次のア～エから選び，記号で答えましょう。

ア　DNS　　　　　　　　　イ　ソーシャルエンジニアリング
ウ　フィルタリング　　　　エ　プロバイダ

〔　　　〕

復習テスト ④

→ 答えは別冊22ページ

得点
／100点

4章 ネットワークとセキュリティ

1

以下のネットワークの図で空欄にあてはまるものを，次のア〜エから選び，記号で答えなさい。

【各5点 計20点】

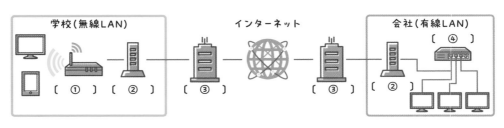

ア　アクセスポイント　　　イ　ハブ　　　ウ　プロバイダ　　　エ　ルータ

①：[　　　　]　②：[　　　　]　③：[　　　　]　④：[　　　　]

2

下のプロトコルをまとめた表について，空欄にあてはまるものを，それぞれの語群から1つずつ選び，記号で答えなさい。

【各5点 計40点】

プロトコル	働き	TCP/IP の4階層モデル
IMAP	[　　]	[　　]
TCP	[　　]	[　　]
IP	[　　]	[　　]
イーサネット	[　　]	[　　]

【働き】

ア　LAN ケーブルや差し込み口の仕様などを定める　　イ　データを相手まで届ける

ウ　メール受信　　エ　信頼性が高い通信を行う

【TCP/IP の4階層モデル】

オ　インターネット層　　　　　　　　　　カ　ネットワークインタフェース層

キ　トランスポート層　　　　　　　　　　ク　アプリケーション層

3

データをパケットに分割して送信することのメリットとして適切なものを，次のア～エから選び，記号で答えなさい。

【10点】

ア　特定の相手への通信が回線を占有する時間が長くなる。

イ　回線が混雑しても常に一定の通信速度が担保される。

ウ　多数のコンピュータが同時に通信しやすくなる。

エ　通信相手を識別しやすくなる。

〔　　　　〕

4

20 MB を最低 5 秒で送信するには，最低何 Mbps の回線が必要か。この回線の伝送効率は 80%とする。なお，小数点第一位を四捨五入すること。

【10点】

〔　　　　〕

5

A 社では，不正アクセスの対策案を検討している。以下の案のうち，<u>情報セキュリティ上不適切なもの</u>を，次のア～エから選び，記号で答えなさい。

【10点】

ア　LAN とインターネットの接続点にファイアウォールを設置する。

イ　パソコンのパスワードは，社員番号にする。

ウ　パソコンに，ウイルス対策ソフトウェアを導入する。

エ　パソコンのユーザ ID とパスワードは他人に漏らさない。

〔　　　　〕

6

暗号化の方式について最も適切な説明を，次のア～エから選び，記号で答えなさい。

【10点】

ア　共通鍵暗号方式では，暗号化と復号に公開鍵を使用する。

イ　共通鍵暗号方式は，通信相手が異なっても共通の鍵を使ってやりとりする方式である。

ウ　公開鍵暗号方式は，多数の人と暗号文をやりとりするのに向いている。

エ　公開鍵暗号方式では，受信者は送信者の秘密鍵を使って復号する。

〔　　　　〕

47 「問題」って何で起こるの？

問題解決①

　私たちは，日々さまざまな「問題」に直面しています。学校に遅刻する，勉強がはかどらないといった身近な問題から，少子高齢化や地球温暖化など社会全体が抱える問題まで，実に多様です。**問題とは，理想と現実のギャップのことです。このギャップがなくなれば，問題が解決されたと考えることができます。**では，問題を解決するために具体的に何をすればいいのでしょうか。ただやみくもに行動しても，問題は解決しません。問題を解決しやすくするには，問題を分析して解決案を検討し，実行→振り返りというプロセスをたどることが大切です。

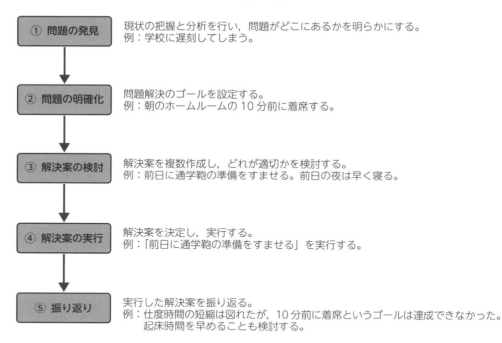

① 問題の発見	現状の把握と分析を行い，問題がどこにあるかを明らかにする。 例：学校に遅刻してしまう。
② 問題の明確化	問題解決のゴールを設定する。 例：朝のホームルームの10分前に着席する。
③ 解決案の検討	解決案を複数作成し，どれが適切かを検討する。 例：前日に通学鞄の準備をすませる。前日の夜は早く寝る。
④ 解決案の実行	解決案を決定し，実行する。 例：「前日に通学鞄の準備をすませる」を実行する。
⑤ 振り返り	実行した解決案を振り返る。 例：仕度時間の短縮は図れたが，10分前に着席というゴールは達成できなかった。起床時間を早めることも検討する。

　ほかにも，スポーツで期待した結果が出せない場合には，練習時間を延ばす，練習メニューを変える，あるいは食事を見直すといった対応が考えられます。このように解決策はいくつもあるので，それらを比較・検討したうえで実行することが重要です。

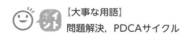
【大事な用語】
問題解決，PDCAサイクル

1 問題解決の進め方として，次のア～オを最も適切な順番に並べ替えましょう。

ア　解決案を検討する。

イ　解決案を決定，実行する。

ウ　解決案を実行した結果を振り返る。

エ　問題解決のゴールを考える。

オ　問題がどこにあるかを明らかにする。

[　　　] → [　　　] → [　　　] → [　　　] → [　　　]

2 A君は野球部に所属していますが，「野球が上達しない」ことを問題に感じています。この問題を解決するために，最初に実施するべきことは何でしょうか。最も適切なものを，次のア～エから選び，記号で答えましょう。

ア　ひたすら素振り（すぶ）の練習を行う。

イ　朝練の時間を延ばす。

ウ　「試合での打率を3割にする」という目標を定める。

エ　「素振りの回数を増やす」「ランニングの時間を延ばす」といった案を考える。

[　　　]

もっとくわしく

PDCA サイクル

　問題解決の手法として有名なものに，**PDCA サイクル**があります。PDCA とは，Plan（計画） → Do（実行） → Check（評価） → Act（改善）の各プロセスの頭文字を取ったものです。この**プロセスを何度も繰り返して，理想と現実のギャップを埋めていくのが**PDCAサイクルです。考え出した解決策を一度実施するだけですべての問題が解決できれば一番よいのですが，実際はそんなにうまくはいかないものです。何度も振り返りを行い，次に生かしていくことが重要です。

48 問題解決② 問題の解決策を探る方法は？

　そもそもの問題は何か，その問題を解決するには何をするべきかが初めからわかっていることは，ほとんどありません。「結果に納得していないが，何が問題なのかがわからない」「よりよい結果を得るためには何を改善すればいいのかがわからない」ということはよくあります。また原因は1つとは限らず，複数存在する可能性もあります。問題を発見したり，解決案を検討したりする手法はいくつかあります。中でも代表的なのが，ブレーンストーミングという手法です。

　ブレーンストーミングとは，あるテーマにもとづいて複数人が自由に発言することで，**多くのアイデアを集める会議**のことです。ブレーンストーミングには以下の4つの決まりがあります。

【ブレーンストーミングの4つの決まり】

批判厳禁…他人の意見を批判しないこと。評価や判断はアイデアを絞り込む次の工程に委ねる。

自由奔放（ほんぽう）…既存の考え方などにとらわれずに，自由に発想・発言すること。

質より量…より多くのアイデアを出すことを重視すること。

結合改善…他人の意見に便乗したりアイデアを組み合わせたりして，アイデアを発展させること。

　ブレーンストーミングでたくさんのアイデアを集めた後，その中から何に取り組めばよいのかがわかりませんね。ブレーンストーミングで集めたアイデアを整理していくには，KJ法が有効です。

　KJ法とは，**複数のアイデアをグループに分類したり1つにまとめたりして，拡散しているアイデアをまとめる手法**です。ブレーンストーミングで広げたアイデアの風呂敷を，KJ法でたたんでいくわけです。具体的には，アイデアを1つずつカードや付箋に記載しておき，それらをグループ化していくことでアイデアをまとめていきます。なお，KJ法という名称は，考案者である川喜田次郎（かわきたじろう）氏の頭文字を取ってつけられたものです。

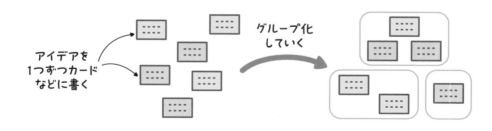

アイデアを
1つずつカード
などに書く

グループ化
していく

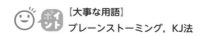

[大事な用語]
ブレーンストーミング，KJ法

108

1 ブレーンストーミングでは以下の 4 つのルールを守る必要があります。このルール
の名称をそれぞれ答えましょう。

ア　他人の意見に便乗し，発展させる。　　　　　　〔　　　　　　　　〕

イ　自由に発想し，自由に発言すること。　　　　　〔　　　　　　　　〕

ウ　他人の意見を批判しないこと。　　　　　　　　〔　　　　　　　　〕

エ　アイデアは多ければ多いほどよい。　　　　　　〔　　　　　　　　〕

2 A さんのクラスでは，「卵を使った創作料理」というテーマで調理実習を行うことに
なりました。それにあたって，作る料理のアイデアを集めるためにブレーンストー
ミングを行いました。

　　　司会：「卵を使った創作料理」について，アイデアがある人は発言をお願いします。
ア　Aさん：私はオムレツが好きなので，何か変わった具材を入れたオムレツを作ってみた
　　　　　　　いと考えています。
イ　Bさん：キムチを入れたオムレツとかいいかも。
ウ　Aさん：キノコを入れたオムレツも食べてみたいです。
エ　Cさん：私は，卵の天ぷらを作ってみたいです。
オ　Bさん：それは嫌だな。
カ　Aさん：温泉卵を使った料理を考えてもいいかもしれませんね。

　ブレーンストーミングとしては不適切な発言を，上記のア〜カから選び，記号で答えましょ
う。

〔　　　　　〕

49 データ分析の流れを知ろう！

問題解決に有効な手段のひとつが，データ分析による現状の把握です。たとえば，店舗の売り上げデータを表やグラフを使って分析し，どの時期にどんな商品が売れるのかといった傾向がつかめれば，「売り上げを伸ばす」ことに役立ちます。**データの分析は，データの「収集」「整理」「分析」という3つのステップで行います。**

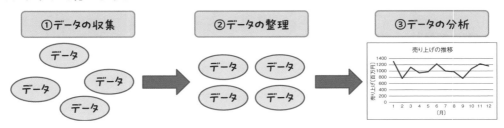

【① データの収集】

データを分析するには，まずは分析に用いるデータの収集が必要です。街頭でのアンケート調査を行うといった方法から，既存の情報システム（p.18のPOSシステムなど）に登録されているデータを取得する方法など，データの収集にはさまざまな手段があります。また，**オープンデータ**を使うと便利です。オープンデータとは，**営利・非営利目的を問わず二次利用可能なルールが適用され，機械判読に適しており，無償で利用できるデータ**のことです。行政機関や企業によって一般に公開されており，**e-Stat** や**データカタログサイト**などで閲覧できます。

【② データの整理】

集めたデータには欠損値や外れ値などが含まれる場合があります。欠損値とは必要なデータが一部欠けていることであり，外れ値とはほかのデータの傾向から大きく離れた値のことです。欠損値や外れ値があると，たとえば平均値が大きく変わるといった，分析結果に影響を及ぼす可能性があります。そのため分析の対象外にするといった対応が必要なケースがあります。また，分析しやすくするために，事前にデータを加工することもあります。

日付	売上金額	
202304001	120000	
202304002		欠損値
202304003	115000	
202304004	5000	
202304005	135000	外れ値
202304006	101000	

【③ データの分析】

データの整理を終えたら，分析を実施します。データの分析とは，**事象や問題点をデータから読み解くこと**を意味します。ただし，データをただ眺めているだけでは分析は困難です。グラフにしたり，何らかの基準から集計したりといった，データの特徴や傾向を把握しやすくする手法を用います。

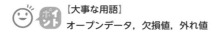
【大事な用語】
オープンデータ，欠損値，外れ値

1 Aさんは合唱コンクールの集客に，過去の合唱コンクールの来場客データを役立てることができないかと考えています。このデータを分析する際の進め方として，次のア～ウを適切な順番に並べ替えましょう。

ア　コンクールの来場客のデータを過去 10 年間分集める。

イ　性別と年代別に，来場客のデータをグラフにまとめる。

ウ　データに欠損値などがないかを確認し，存在する場合は対応を行う。

$$\left[\right] \rightarrow \left[\right] \rightarrow \left[\right]$$

2 オープンデータの特徴として<u>誤っているもの</u>を，次のア～エから選び，記号で答えましょう。

ア　無償で利用できる。

イ　機械判読に適した形式である。

ウ　営利目的で利用することはできない。

エ　誰でも容易に利用できるよう公開されている。

$$\left[\right]$$

3 次の空欄に適する語を答えましょう。

分析のためにデータを収集した際，必要なデータが一部欠けている $\left[\right]$ や，ほかのデータの傾向から大きく離れた値である $\left[\right]$ が存在することがあります。そのため，分析をする前にそれらのデータを分析対象外にするといった対応が必要です。

50 「グラフ」でデータ分析をする

p.34で学んだ「可視化」という手法は，データを活用した問題解決にも有効です。収集，整理したデータをグラフにすると，漠然とデータが存在する状態では見えてこなかったデータの特徴や，傾向が明らかになります。グラフにはさまざまな種類があるので，データの性質や種類によって適切なものを選択する必要があります。

【棒グラフ】

棒グラフとは，項目ごとのデータを棒の高さで表すグラフで，項目間のデータの大小や順位を表すのに向いています。なお，データの内訳も表現するには**積み上げ棒グラフ**を用います。

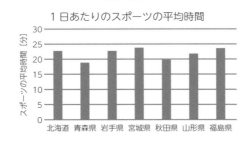

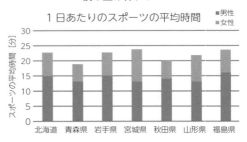

（出典「令和3年社会生活基本調査結果」（総務省統計局））

【折れ線グラフ】

折れ線グラフとは，項目ごとのデータを点で表し，点の間は線でつないで表すグラフです。線でつなぐので，データの増減をつかみやすいという特徴があります。売り上げの推移や気温の変化といった，時間とともに変化するデータを表すのに向いています。

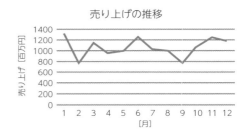

【円グラフ】

円グラフとは，円を扇形に分割し，全体に対して各項目が占める割合を表すグラフです。値そのものではなく，全体に対しての割合をつかみやすいのが特徴です。上位を占める項目をわかりやすくするために，割合が高い項目から時計回りに並べることが一般的です。

【大事な用語】
棒グラフ，積み上げ棒グラフ，折れ線グラフ，円グラフ

1 以下のグラフの種類を答えましょう。

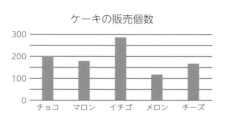

ケーキの販売個数

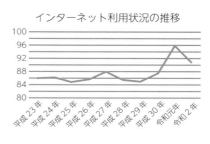

インターネット利用状況の推移

〔　　　　　　　　　〕　　　〔　　　　　　　　　〕

2 次のケースにおいて，使用するグラフが適切なものには〇，不適切なものには×を書きましょう。

(1) Aさんは「全都道府県の中で年間降水量が最も多いのはどこか」を調べるために，「都道府県別の年間降水量」を折れ線グラフで表した。

〔　　　　　〕

(2) Bさんは「日本が輸入している小麦における，国別の輸入割合」を調べるために，「小麦の国別の輸入量」を円グラフで表した。

〔　　　　　〕

もっと くわしく

そのほかにもあるグラフの種類

　グラフはほかにも種類があります。たとえば**レーダーチャート**は，項目間のデータのバランスを正多角形上に表すグラフです。そして**箱ひげ図**は，箱とそこから出る直線（ひげ）によって構成され，データのばらつきや偏りを視覚的に表したグラフです。どのグラフを使うかでデータの見え方は異なってくるので，データの種類や性質に合わせて，使い分ける必要があります。

51 相関関係 2つの変数の関係性を探る

　一次方程式の x と y のように，2 つの変数の関係性を分析するには**散布図**が適しています。散布図とは，X 軸と Y 軸の交わる場所に点を打ち，2 つの変数の関係性を表すグラフです。なお，**散布図では横軸と縦軸はともに数値を表します。**

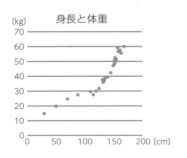

　一方が増えたらもう一方が増えるというように 2 つの変数に関連性がある場合，そのデータ間には**相関関係がある**といいます。その中でも，一方が増えたらもう一方も増える関係を**正の相関がある**といい，一方が増えたらもう一方が減少することを**負の相関がある**といいます。そして，2 つの数値の変化に関連性が見られない場合は，**相関が弱い**または**相関がない**と表現します。

負の相関がある 　　**相関がない** 　　**正の相関がある**

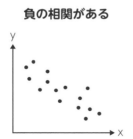

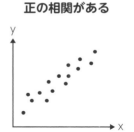

　この相関の強さは**相関係数**と呼ばれる数値で表すこともあります。相関係数は−1 以上 1 以下の値を取り，**1 に近づくほど正の相関があり，−1 に近づくほど負の相関がある**ことを表します。つまり，相関係数の絶対値が 1 に近づくほど，強い相関があるといえます。

相関係数（r）	相関の強さ
$0.7 < |r| \leq 1$	相関が強い
$0.4 < |r| \leq 0.7$	中程度の相関
$0.2 < |r| \leq 0.4$	相関が弱い
$|r| \leq 0.2$	相関がない

 【大事な用語】
散布図，相関関係，相関係数

114

基本練習

→ 答えは別冊 14 ページ

1 「年間降水量」をX軸，「傘の販売本数」をY軸として散布図にしたものが，以下のグラフです。このグラフから読み取れるものとして最も適切なものを，次のア～ウから選び，記号で答えましょう。

ア　正の相関がある

イ　負の相関がある

ウ　相関がない

〔　　　　〕

2 「気温」をX軸，「使い捨てカイロの販売個数」をY軸として散布図にしたものが，以下のグラフです。このグラフから読み取れるものとして最も適切なものを，次のア～ウから選び，記号で答えましょう。

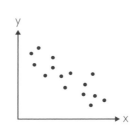

ア　正の相関がある

イ　負の相関がある

ウ　相関がない

〔　　　　〕

3 相関係数の説明について，正しいものには〇，誤っているものには×を書きましょう。

(1) 相関係数が0の場合，相関がないといえる。

〔　　　　〕

(2) 相関係数が2の場合，正の相関があるといえる。

〔　　　　〕

52 「データベース」って何だろう？

　私たちが日常的に利用しているサービスや情報システムでは，さまざまな情報がデータとして蓄積されています。たとえば，SNSであればユーザが投稿した画像や文章，銀行口座であれば入出金や残高といった情報が蓄積されています。またPOSシステムでは，「どの店舗で」「誰が」「いつ」「何を購入したか」が蓄積されています。

	SNS	銀行口座	POSシステム
蓄積されている主なデータ	投稿した画像 投稿した文章 アカウント フォロワー情報	入出金履歴 残高 口座の名義情報	「どの店舗で」 「誰が」 「いつ」 「何を購入したか」

　このように，情報システムでは多様かつ膨大なデータを扱う必要があります。この，ある目的のためにデータを蓄積して利用しやすくしたものを**データベース**といいます。

　データベースの理解を深めるために，ECサイトを例に挙げてみましょう。ECサイトのようなWebシステムは，WebブラウザとWebサーバのやりとりによって実現されています。このやりとりの裏にデータベースが存在しています。ECサイトで扱う必要がある「商品情報」「注文履歴」「アカウント情報」といったデータは，データベースに蓄積されています。そして必要に応じてWebサーバがデータベースの情報を取得したり更新したりします。データベースのおかげで，WebブラウザやWebサーバ自体が膨大なデータを管理する必要はありません。

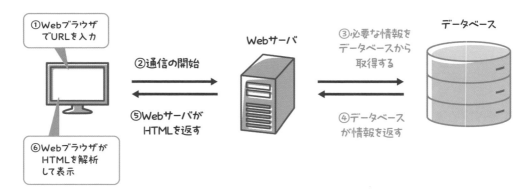

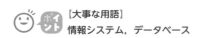
【大事な用語】
情報システム，データベース

基本練習

答えは別冊 14 ページ

1 次の情報システムでは，どのようなデータを管理する必要があると考えられますか。空欄にあてはまるものを，以下のア～カから 2 つずつ選び，記号で答えましょう。

情報システム	管理が必要なデータ	
図書貸出システム	〔 〕	〔 〕
インターネットバンキング	〔 〕	〔 〕
動画配信サイト	〔 〕	〔 〕

ア　書籍のステータス（貸し出し中・在庫あり）

イ　口座情報

ウ　入出金の履歴

エ　動画

オ　動画の閲覧履歴

カ　蔵書情報

もっとくわしく

データベースの種類

　データベースには，データを格納する形式によっていくつか種類があります。最もよく使われるのは関係データベース（リレーショナルデータベース）であり，表形式でデータを管理するものです。ほかには，階層データベースやネットワークデータベースなどもあります。管理するデータの特徴によって，どのデータベースの形式でデータを管理するのがよいか検討する必要があります。

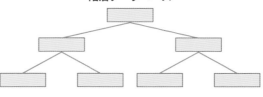

関係データベース
（リレーショナルデータベース）

学籍番号	氏名	部活動ID
202304001	学研太郎	B01
202304002	田村花子	B04
202304003	佐藤純一	B03
202304004	志村正子	B04

部活動ID	部活動
B01	バスケットボール
B02	バレーボール
B03	テニス
B04	吹奏楽

階層データベース

ネットワークデータベース

53 データベースの基本機能を知ろう

実際にデータベースを構築する際は，**データベース管理システム（DBMS）**と呼ばれるソフトウェアを使います。DBMS には膨大なデータを管理するのに必要なさまざまな機能が用意されています。DBMS に対してデータの追加や更新，削除を命令することで，データベースに対する処理が行えます。

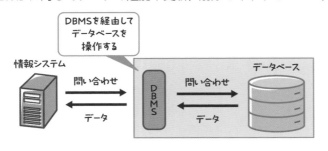

データベースに対する命令のことを「クエリ」というよ。

DBMS には，主に以下の機能があります。

【整合性の保持】

データの重複や想定していない形式のデータが登録されるのを防ぎ，整合性を保つ機能です。たとえば生徒の情報を管理する場合に，同じ人物のデータが複数件あったらどのデータが正しいのかがわからなくなりますよね。また，名前を登録するべきところに日付の情報が登録されていたら，「データの正しさ」が失われてしまいます。DBMS では，こういったケースを防ぎ，データの整合性を保つ機能が用意されています。

【一貫性の保持】

一方の処理が終わるまでもう一方の処理を待たせる DBMS の機能を**ロック**といいます。ロック機能のおかげで，複数のユーザが同じデータに対して同時に操作をしても，データの一貫性が保持されるようになっています。

【機密性の保持】

誰もがデータベースを変更できてしまうと，悪意のある第三者によってデータを改ざんされる恐れがあります。そのため DBMS には，認証機能が用意されています。たとえば，データを参照できる人，参照と更新ができる人，データにアクセスすらできない人，といった権限の管理が可能です。

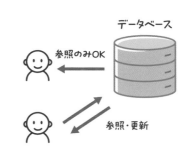

【大事な用語】
データベース管理システム（DBMS），整合性の保持，一貫性の保持，機密性の保持

基本練習

→ 答えは別冊 15 ページ

1 データの追加や更新，削除といった，データベースに対する命令のことを何といいますか。最も適切なものを，次のア～エから選び，記号で答えましょう。

ア　アクセスポイント

イ　クエリ

ウ　フィードバック

エ　ルータ

〔　　　　〕

2 データの以下の性質を保つための DBMS の機能を，次のア～ウから選び，記号で答えましょう。

データの性質	DBMS の機能
整合性	〔　　　〕
一貫性	〔　　　〕
機密性	〔　　　〕

ア　データのロック機能

イ　データの操作はアクセス権限を持つ人しかできないようにする機能

ウ　想定していない形式のデータの登録を防ぐ機能

もっとくわしく

ほかにもある DBMS の機能～可用性の維持

　データベースに何らかの不具合が発生してデータが参照できなくなることは，そのデータベースを参照している情報システム自体がダウンすることと同義です。このような事態を想定して，データベースにはデータの複製（バックアップ）をしておき，障害発生時にはそのバックアップを使うようにするしくみ（可用性）が備わっています。

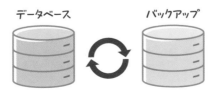

データベース　　　バックアップ

データベースには，データを格納する形式によっていくつか種類があります。その中でも多くの情報システムで使われているのは**リレーショナルデータベース**です。リレーショナルデータベースでは，行（レコード）と列（フィールド）の組み合わせでデータを表す**表形式でデータを保存**します。この表のことを，データベースでは**テーブル**といいます。

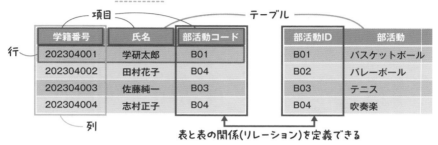

表と表の関係（リレーション）を定義できる

リレーショナルデータベースには，整合性を担保するために以下のしくみがあります。

【主キー】

主キーは，テーブルからレコードを特定するのに使う情報です。そのため，主キーは重複してはいけません。たとえば「生徒」テーブルであれば，「学籍番号」のように誰とも被らない情報は主キーになり得ます。また，複数の項目を組み合わせて主キーにする（**複合キー**）こともできます。たとえば，「氏名」だけでは重複する可能性がありますが，「住所＋氏名」のように複数の項目を組み合わせることで，特定の生徒を定めることができます。

【外部キー】

テーブル同士の関係づけを行う項目のことを**外部キー**といいます。たとえば，「生徒」テーブルの「部活動ID」項目を部活動の情報を持った「部活動」テーブルに関連付けるなら，「生徒」テーブルの「部活動ID」を外部キーに設定します。そうすると，後で部活動の名称を変更したい場合に部活動テーブルを更新するだけでよいので，**データのメンテナンスがしやすくなります**。行や列，各種のキーでデータ間の関係性（リレーション）を定義できることが，リレーショナルデータベースの名称の由来なのです。

生徒テーブル		外部キー		部活動テーブル 主キー	
学籍番号	氏名	部活動ID		部活動ID	部活動
202304001	学研太郎	B01		B01	バスケットボール
202304002	田村花子	B04	参照	B02	バレーボール
202304003	佐藤純一	B03		B03	テニス
202304004	志村正子	B04		B04	吹奏楽

外部キーで関連付けた「部活動テーブル」
を参照すると，所属部活動がわかる

 【大事な用語】
リレーショナルデータベース，主キー，複合キー，外部キー

基本練習

→ 答えは別冊 15 ページ

1 次のリレーショナルデータベースにおいて，(1)〜(3)の文章で〔　〕内の正しいほうを選び，○で囲みましょう。なお，蔵書テーブルの主キーは「書籍番号」，著者テーブルの主キーは「著者コード」であり，蔵書テーブルの「著者コード」は著者テーブルの「著者コード」を参照する外部キーに設定されています。

蔵書テーブル

書籍番号	書籍名	著者コード
202304001	走れメロス	A001
202304002	こころ	A003
202304003	友情	A004
202304004	舞姫	A002

著者テーブル

著者コード	著者名
A001	太宰治
A002	森鴎外
A003	夏目漱石
A004	武者小路実篤
A005	宮沢賢治

(1)　「書籍番号：202304003，書籍名：斜陽，著者コード：A001」の行データは蔵書テーブルに〔　追加できる　・　追加できずエラーになる　〕。

(2)　蔵書テーブルで著者コードが〔　A002　・　A003　〕のデータは，著者が夏目漱石であることを表す。

(3)　蔵書テーブルで書籍番号が〔　202304001　・　202304004　〕のデータは，著者が森鴎外であることを表す。

もっとくわしく

リレーショナルデータベースで行う 3 つの操作

　リレーショナルデータベースで行う操作には 3 つあります。1 つ目は，テーブルから行を取り出す「**選択**」，2 つ目はテーブルから「列」を取り出す「**射影**」，3 つ目は複数のテーブルを結合して新しい表を作る「**結合**」です。

55 モデル化 「モデル化」はとても大切！

　住宅の見本として作られた部屋を「モデルルーム」，車や飛行機をモデル化したものは「プラスチックモデル」と呼びますね。また，化学の授業で使う分子模型は分子モデルということもあります。このように，現象や物事の特徴を抽出して「本物と似せて作ったもの」を<u>モデル</u>，モデルを作成することを<u>モデル化</u>といいます。

　モデル化は，問題解決の手法の一つです。たとえば，家を実際に建てる前に縮小した模型を作ると，どのような外装や間取りになるのかというイメージを共有したり，設計に問題がないかを確認したりできます。また化学を勉強する際，実際の分子は目に見えないぐらい小さいので，実物を拡大したモデルである分子模型を使います。このように，モデル化は「実物を作る前に設計に問題がないかを確認する」「化学の学習が進めやすくなる」といった問題解決につながります。モデル化は，以下の手順で行います。

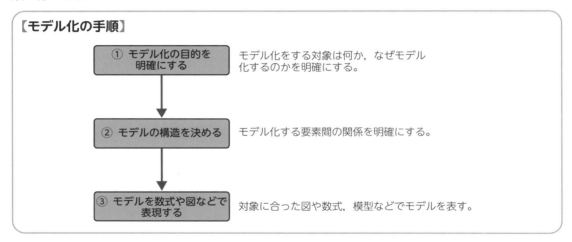

【モデル化の手順】

① モデル化の目的を明確にする　　モデル化をする対象は何か，なぜモデル化するのかを明確にする。

② モデルの構造を決める　　モデル化する要素間の関係を明確にする。

③ モデルを数式や図などで表現する　　対象に合った図や数式，模型などでモデルを表す。

　モデル化で注意が必要な点は，実物の何をどこまで再現するかを**目的に合わせて決めること**です。たとえば，飛行機のプラスチックモデルを作る場合，ネジとかエンジンの中身までは再現しませんよね。なぜしないのかというと，プラスチックモデルは実際の飛行機の構造を理解するのが目的ではなく，飾って楽しむのが目的だからです。このように，**最初にモデル化の目的を定め，目的に必要のない要素を省略する**ことが重要です。

モデル化はとても大切！

【大事な用語】
モデル，モデル化

基本練習

→ 答えは別冊 15 ページ

1 モデル化の手順として最も適切なものを，次のア〜ウから選び，記号で答えましょう。

ア　モデルを数式や図で表現する→モデルの構造を決める→モデル化の目的を決める

イ　モデル化の目的を決める→モデルの構造を決める→モデルを数式や図で表現する

ウ　モデルの構造を決める→モデル化の目的を決める→モデルを数式や図で表現する

〔　　　〕

2 次の場合に使用するモデルとして最も適切なものを，次のア〜エから選び，記号で答えましょう。

実現したいこと	使用するモデル
部屋の模様替えがしたい	〔　　　〕
人体について学びたい	〔　　　〕
乗り換えする駅を調べたい	〔　　　〕
待ち合わせ場所を伝えたい	〔　　　〕

ア　人体模型　　　　イ　部屋の間取り図
ウ　路線図　　　　　エ　地図

もっとくわしく

モデルをもとに行うシミュレーション

　作成したモデルを利用して，実際の現象を模倣することを**シミュレーション**といいます。シミュレーションは，現物を使うと費用が高くなる・モラル上現物を用いることが許されない・現物を用意することがそもそも困難，といった場合の実験に適しています。

　たとえば「台風の挙動を表現した数理モデル」を使って「台風の進路を予測する」ことや，「臓器の模型」を使って「手術の予行演習をする」ことは，モデルをもとに行うシミュレーションといえます。

56 さまざまなモデル 対象に合わせて「モデル」を選ぼう

モデルは，モデル化する手法によっていくつかの種類に分けられます。表したい対象や現象に合わせてモデルを選ぶと，考察やシミュレーションがしやすくなります。

【モデルの表現形式による分類】

モデルをどう表すかについて着目すると，**物理モデル**と**論理モデル**に分類できます。モデルルームや分子模型のような物理的なモデルだけではなく，「速さ」「時間」などを表した数式も，特徴を取り出したという意味でモデルに含まれます。

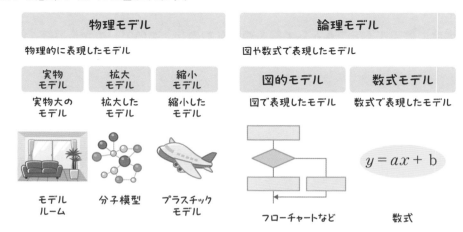

物理モデル			論理モデル	
物理的に表現したモデル			図や数式で表現したモデル	
実物モデル	拡大モデル	縮小モデル	図的モデル	数式モデル
実物大のモデル	拡大したモデル	縮小したモデル	図で表現したモデル	数式で表現したモデル
モデルルーム	分子模型	プラスチックモデル	フローチャートなど	数式

$$y = ax + b$$

【モデルの特性による分類】

他にも，たとえば対象が時間で変動するかどうかに着目すれば**静的モデル**と**動的モデル**に分類することができ，対象が規則的に変動するかどうかに着目すれば**確定的モデル**と**確率的モデル**に分類することができます。

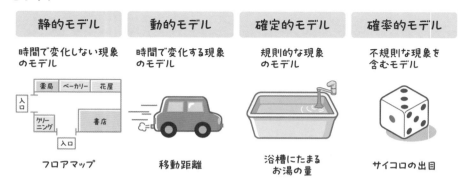

静的モデル	動的モデル	確定的モデル	確率的モデル
時間で変化しない現象のモデル	時間で変化する現象のモデル	規則的な現象のモデル	不規則な現象を含むモデル
フロアマップ	移動距離	浴槽にたまるお湯の量	サイコロの出目

【大事な用語】
物理モデル，論理モデル，静的モデル，動的モデル，確定的モデル，確率的モデル

基本練習

→ 答えは別冊 15 ページ

1 次のア〜ウのモデルを，物理モデル，図的モデル，数式モデルに分類しましょう。

ア ベン図　　　イ 三角形の面積を求める公式　　　ウ 陳列用の食品サンプル

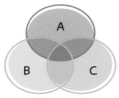

物理モデル：[　　　]　　　図的モデル：[　　　]　　　数式モデル：[　　　]

2 次のア〜イのモデルを，静的モデルと動的モデルに分類しましょう。

ア 地球儀　　　イ 銀行の窓口の待ち時間

静的モデル：[　　　]　　　動的モデル：[　　　]

3 次のア〜イのモデルを，確定的モデルと確率的モデルに分類しましょう。

ア 加湿器の残りの水量　　　イ おみくじ

確定的モデル：[　　　]　　　確率的モデル：[　　　]

復習テスト ❺

❺章 問題解決とデータの活用

1

A さんはテスト勉強に PDCA サイクルを導入している。PDCA の「C」に該当するものを，次のア〜エから選びなさい。

【15 点】

ア　計画に沿ってテスト勉強を進める。

イ　テストまでの日数と試験範囲を整理して，勉強の計画を立てる。

ウ　テストの点数と計画通りに進められなかった部分を整理して，振り返りを行う。

エ　振り返りの結果をもとに，次のテストに向けた勉強の計画を立てる。

〔　　　　〕

2

「文化祭の出し物を何にするか」をテーマにブレーンストーミングをした際，以下の発言があった。ブレーンストーミングとしては適切でないものを，次のア〜エから選びなさい。

【15 点】

ア　A さんが会議の初めに「アイデア数に制限はないので，いくつでも出してほしい」と発言した。

イ　B さんの「カレー屋さんがやりたい」という発言に対して，C さんが「それはやりたくない」と発言した。

ウ　C さんが「他校と合同で劇がしたい」と発言した。

エ　D さんが「お化け屋敷をやってみたい」と発言した。

〔　　　　〕

3

「体重」と「肥満度（BMI）」の相関関係を分析するのに最も適切なグラフを，次のア〜エから選びなさい。

【15 点】

ア　棒グラフ

イ　折れ線グラフ

ウ　箱ひげ図

エ　散布図

〔　　　　〕

4

以下のグラフから読み取れることを，次のア～エから選びなさい。

【20 点】

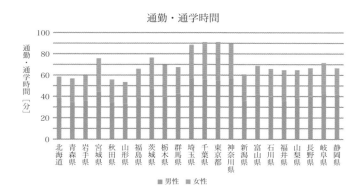

通勤・通学時間

出典（「令和 3 年社会生活基本調査結果」（総務省統計局））

ア　北海道は女性より男性のほうが通勤・通学時間が短い。

イ　宮城県が最も通勤・通学時間が短い。

ウ　埼玉県は男性・女性にかかわらず，通勤・通学の平均時間が約 88 分である。

エ　長野県の男性の通勤・通学時間は 40 分である。

〔　　　　　〕

5

データの「一貫性」を保つための DBMS の機能を，次のア～エから選びなさい。

【15 点】

ア　データのバックアップ機能

イ　データへのアクセス権限を管理する機能

ウ　データのロック機能

エ　テーブルの主キー

〔　　　　　〕

6

次のア～エのモデルを，静的モデルと動的モデルに分類し，記号で答えなさい。

【各 10 点　計 20 点】

ア　バスの路線図　　　　　　　イ　月別降水量の予測

ウ　スーパーのレジの待ち時間　エ　人体模型

静的モデル：〔　　　　　〕　　動的モデル：〔　　　　　〕

57 アルゴリズム 私たちはアルゴリズムを用いて生活している

　私たちは，日常生活の中で直面する課題を解決するために**アルゴリズム**を用いています。アルゴリズムとは，**ある課題を解決するための定式化された計算手順や処理手順のこと**をいいます。たとえば「おにぎりを作る」という課題を解決したい場合，そのアルゴリズムは以下のようになります。

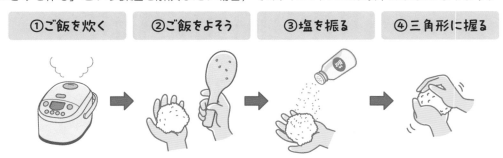

　アルゴリズムを図で表す方法にはいくつか種類がありますが，代表的なものは**フローチャート**です。フローチャートとは，さまざまな記号を使ってアルゴリズムを表した図のことです。たとえば「朝起きてから家を出る」というアルゴリズムをフローチャートで表すと，以下のようになります。

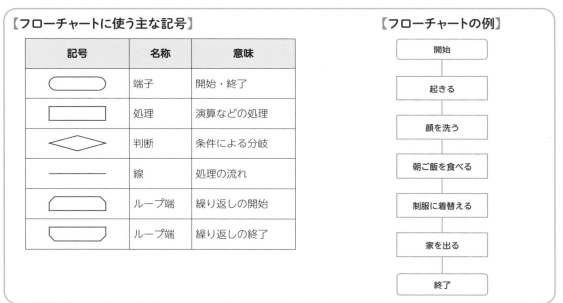

　このように，私たちの多くの行動がアルゴリズムに従ったものであり，フローチャートで表すことができるのです。

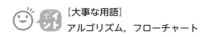
【大事な用語】
アルゴリズム，フローチャート

基本練習

→ 答えは別冊 16 ページ

1 「アルゴリズム」の説明として最も適切なものを次のア〜エから選び，記号で答えましょう。

ア　プログラムで扱うデータのこと。

イ　コンピュータで演算を行う装置のこと。

ウ　目的を達成したり問題を解決したりするための計算手順や処理手順のこと。

エ　足し算や引き算，代入，比較といった処理を行うために用いる記号のこと。

〔　　　〕

2 「紅茶を入れる」アルゴリズムをフローチャートで表したとき，当てはまる番号をフローチャートに記入しましょう。

①　ティーポットからティーカップへ紅茶を注ぐ

②　ティーポットに茶葉を大さじ一杯入れる

③　紅茶を蒸らす

④　お湯を沸かす

⑤　ティーポットにお湯を入れる

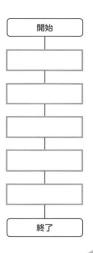

開始 → □ → □ → □ → □ → □ → 終了

もっとくわしく

アルゴリズムの効率性

　アルゴリズムには，優れているものとそうでないものがあります。たとえば「ショートケーキを6等分する」という目標を達成するために，下の図のAではケーキを計6回切るのに対し，Bの方法では計3回で済みます。つまり，Bのほうが切る回数を3回削減できたということですね。作業量が少ない場合，この違いはあまり問題になりません。しかし，作業量が多ければ多いほど，目的を達成するためにかかる時間も増加します。そのため，アルゴリズムを考える際は，効率のよい手順になっているかどうかについて検討する必要があります。

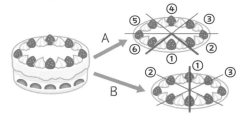

58 アルゴリズムを表す基本構造とは？

　アルゴリズムには単純なものから複雑なものまでありますが，**すべてのアルゴリズムは順次・分岐・反復という3つの制御構造の組み合わせで表せます。**

【順次構造】

　順番に処理を行うのが<u>順次構造</u>です。たとえば「顔を洗ったあとに歯磨きする」「学校に着いたら上履きに履き替える」のように，1つの処理が終わったら次の処理を順番に行う構造です。

【分岐構造】

　条件を満たしているかそうでないかによって処理が分岐するのが<u>分岐構造</u>です。たとえば「天気予報が晴れの場合は自転車で学校へ行き，曇りか雨の場合は歩いて学校へ行く」のように，「天気予報が晴れかどうか」という条件で処理が分かれるので，分岐構造と考えることができます。

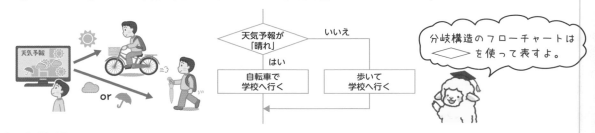

【反復構造】

　条件を満たしている間，同じ処理を繰り返すのが<u>反復構造</u>です。たとえば「校庭を10周走る」のように，同じ処理を複数回繰り返す場合に反復構造を用いることができます。

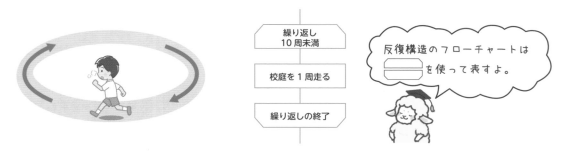

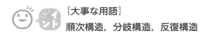
【大事な用語】
順次構造，分岐構造，反復構造

基 本 練 習

答えは別冊 16 ページ

1 次の〔　　　〕にあてはまる，用語を答えましょう。

すべてのアルゴリズムは，順番に処理を行う〔　　　　　〕構造，条件によって処理が分

岐する〔　　　　　〕構造，条件によって処理を繰り返す〔　　　　　〕構造という，3つの

制御構造の組み合わせで表現できます。

2 次の「朝食を決める」アルゴリズムを，フローチャートで表しましょう。

冷蔵庫に牛乳がある場合はシリアルを食べ，
冷蔵庫に牛乳がない場合は白米を食べる。

3 次の「スーパーのレジ打ち業務」アルゴリズムを，フローチャートで表しましょう。

① 赤いカゴの中にある商品を 1 つ手に取る。

② 手に取った商品のバーコードを読み取る。

③ バーコードを読み取った商品を，黄色い
カゴに入れる。

④ 赤いカゴの中にある商品が 0 になるまで
①～③を繰り返す。

59 プログラミング プログラミングって何だろう？

　人間だけでなく，コンピュータもアルゴリズムに従って動きます。しかし，前ページまでのようなアルゴリズムの表記ではコンピュータが理解できないため，コンピュータにわかるように書き換える必要があります。コンピュータにわかる言葉で指示・命令を書いていく行為を**プログラミング**といい，そのために作られた言語を**プログラミング言語**といいます。そして，プログラミング言語によって記述されたアルゴリズムが**プログラム**です。人間同士が意思疎通する際に使う言語に日本語や英語などがあるように，プログラミング言語にもさまざまな種類があります。

【プログラミング言語の例】

言語名	特徴
シー C	ハードウェアの制御処理が得意。OS やアプリケーションの開発に用いられる。
ジャバ Java	特定の OS によらず，さまざまな環境で実行することができる。
ジャバスクリプト JavaScript	Web ページにアニメーションなどの動きを加えることができる。
パイソン Python	初学者にも取り組みやすい文法であり，人工知能や機械学習の分野で利用されることが多い。

　たとえば「Hello という文字を表示する」という処理を行いたい場合，Python を使って記述したプログラムは「print('Hello')」となります。**print() とは Python に用意されている命令のひとつで，() 内に指定したものを画面に表示します。**

【Helloという文字を表示するプログラム】

```
print('Hello')
```

【実行結果】

```
Hello
```

　Python などのプログラミング言語は英単語や記号の組み合わせを使うので，人間が理解しやすい形で記述できます。しかし，第 3 章で述べた通りコンピュータが直接理解できるのは 0 と 1 のデータだけなので，プログラムは 0 と 1 の組み合わせで表される**機械語（マシン語）**に変換（翻訳）して実行されます。このように実行前にプログラムをまとめて機械語に変換するものを**コンパイラ**といい，一文一文変換しながら実行していくものを**インタプリタ**といいます。

[大事な用語]
プログラミング，プログラミング言語，プログラム，Python，機械語（マシン語），print ()，コンパイラ，インタプリタ

基 本 練 習

➡ 答えは別冊 16 ページ

1 次の〔　　　〕にあてはまる，用語を答えましょう。

　プログラムを作成することを〔ア　　　　　　　　　〕といい，〔　ア　〕に使う言語

のことを〔イ　　　　　　　　　〕といいます。〔　イ　〕の１つである

〔ウ　　　　　　　　　〕は初学者にも取り組みやすい文法であり，人工知能や機械学習で

利用されることが多いのが特徴です。

2 プログラムはそのままではコンピュータが直接実行できないので，ある言語に翻訳
　されたうえで実行されます。「ある言語」として最も適切なものを次のア〜エから選
　び，記号で答えましょう。

ア　C
イ　Java
ウ　JavaScript
エ　機械語

〔　　　　　〕

3 次の Python プログラムの実行結果を答えましょう。

```
Print('プログラミング言語')
```

〔　　　　　　　　　〕

60 データを格納する「変数」
変数

ここからはプログラミング言語の基本的な文法について学んでいきましょう。なお，本書では Python を用いるので，Python のプログラムを試してみたい場合は p.142 を参照してください。

まずは**変数**について学習します。変数とは**プログラムで扱うデータを格納する領域**のことです。変数を使うには，変数の名前と変数に入るデータの種類（整数や文字列など）を表す型を決める必要があります。これを**変数の宣言**といいます。Python では，以下の記述で変数を宣言します。

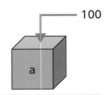

【変数の宣言】

変数名＝データ（値）

> Phython では，データの種類によって勝手に型が決まるよ。

ここで押さえておきたいポイントは「＝」の意味です。数学では左辺と右辺の値が等しいことを表しますが，プログラミング言語では**左辺に右辺の値を当てはめることを意味します**。これを**代入**といいます。では，次のプログラムを見てみましょう。

【変数aとbを加算するプログラム】

```
a = 100
b = 200
shimei = '学研太郎'
print(a + b)
print(shimei, 'さん')
```

【実行結果】

```
300
学研太郎さん
```

> 変数の名前を「shimei」のようにすると，データの意味がわかりやすくなるね。

このプログラムで，「a = 100」や「b = 200」は右辺の数値を左辺の変数に当てはめることを意味しており，「shimei = ' 学研太郎 '」は右辺の文字列を左辺の変数に当てはめることを意味しています。「学研太郎」のような文字列を Python で表現するときは，「 ' 」または「 " 」で囲みます。ここまでが変数の宣言です。

そして「print(a + b)」は変数 a と変数 b の足し算の結果を表示することを意味しており，「print(shimei, ' さん ')」は変数 shimei と文字列「さん」を並べて表示することを意味しています。print() 内で「,」区切りに文字や変数を並べることで，指定した複数の文字を並べて表示できます。

【大事な用語】
変数，変数の宣言，代入

基本練習

→ 答えは別冊 16 ページ

1 次の〔　　〕にあてはまる，用語を答えましょう。

プログラムで扱うデータを格納する領域のことを〔 ア 　　　　　〕といい，〔 ア 〕

に値を当てはめることを〔 イ 　　　　　〕といいます。

2 次の Python プログラムの実行結果を答えましょう。

```python
kotae = '答えは'
a = 8
b = 10
print(kotae,a+b)
```

〔　　　　　　　　　〕

もっとくわしく

演算を行う記号〜「演算子」

　プログラムを記述する際に，足し算や引き算，代入，比較といった処理を行うために用いる記号を**演算子**といいます。Python の代表的な演算子は以下の通りです。

【演算子の例】

演算子	意味	使用例
+	数値の足し算	2 + 1（結果は 3）
	文字列の結合	'2' + '1'（結果は 21）
-	引き算	2 - 1（結果は 1）
*	掛け算	2 * 3（結果は 6）
/	割り算	12/4（結果は 3）
%	割り算の余り	10 % 3（結果は 1）
**	べき乗	9**2（結果は 81）

演算子	意味	使用例
>	より大きい	a > 3
>=	以上	a >= 3
==	等しい	a == 3
!=	等しくない	a != 3
and	かつ	a == 2 and b == 1
or	または	a == 2 or b == 1
not	ではない	not a

61 処理を分岐する「if 文」

条件分岐　if文

条件を満たしているかどうかによって処理を分岐させるには，if 文を用います。if とは英語で「もし〜なら」という意味です。Python では以下のように記述して活用します。

【処理を分岐する】

if 条件式 1:
　　　条件式 1 を満たした場合に実行する処理
elif 条件式 2:
　　　条件式 1 を満たさず，かつ，条件式 2 を満たした場合に実行する処理。いくつでも記述可能
else:
　　　ここまでの条件をすべて満たさない場合に実行する処理

＊ elif 句と else 句はなくてもよい。

たとえば，変数 x の値が 100 より大きいかそうでないかで条件分岐する処理を行いたい場合，以下のようなプログラムになります。

【変数 x の値で条件分岐させるプログラム】

```python
x = int(input('整数を入力してください'))
if x > 100:
    print('x は 100 より大きいです')
else:
    print('x は 100 以下です')
```

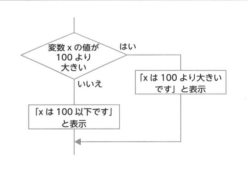

【実行結果】

変数 x が 100 より大きい場合：

> **x は 100 より大きいです**

変数 x が 100 より大きくない場合：

> **x は 100 以下です**

---

input() とは，Python に用意されている命令の 1 つです。プログラムの実行時，() 内の文字列を表示させたあと，キーボードから文字を入力できます。このプログラムは入力された整数が 100 より大きいかどうかを調べたいのですが，input() で入力した文字も文字列として扱われるため，文字列を数値に変換する int() という命令もあわせて使用しています。

【大事な用語】
If文，elif，else，input()，int()

1 次の Python プログラムについて，次の問題に答えましょう。

```python
age = int(input('年齢を入力してください'))
if age >= 65:
    print('高齢者です')
elif age >= 18:
    print('成人です')
else:
    print('未成年です')
```

ア　変数「age」が 19 の場合，画面に表示される文字として適切なものを選び，○で囲みましょう。

[　高齢者です・成人です・未成年です・何も表示されない　]

イ　変数「age」が 17 の場合，画面に表示される文字として適切なものを選び，○で囲みましょう。

[　高齢者です・成人です・未成年です・何も表示されない　]

もっとくわしく

Python ではインデントに要注意！

　Python では，処理の固まりをインデント（字下げ）で表します。そのため，if 文内の処理を記述する際も字下げする必要があります。プログラム内では，2 字下げか 4 字下げのどちらかに統一することが多いです。字下げしないと，プログラムの実行時にエラーが発生するので注意しましょう。

```python
x = int(input('整数を入力してください'))
if x > 100:
    print('x は 100 より大きいです')
else:
    print('x は 100 以下です')
```

62 処理を繰り返す「for文」

繰り返し　for文

最後は Python で反復処理を行う方法について学びましょう。処理を繰り返し実施するには **for 文**
を用います。for 文も if 文と同様で，for 文内の処理は字下げする必要があります。

> 【処理を繰り返す】
>
> for 変数 in リスト：
>
> 　　繰り返し実行する処理

ここで覚えておきたいのが**配列**というしくみです。配列を用いると，複数の値を 1 つのまとまり
として扱うことができます。変数はラベルが付いた箱のようなものでしたね。この箱が複数並んだも
のを 1 つのラベルで扱えるのが配列です。たとえば，0 〜 2
の値を配列 num に代入するなら，[　] で囲んで「num = [0,
1, 2]」と記述します。そうすると，0，1，2 がそれぞれ入っ
た箱が 3 つ並んだものが作成されます。

num = | 0 | 1 | 2 |

では，for 文を使って「こんにちは」を 3 回画面に表示するプログラムを見てみましょう。

> 【「こんにちは」を3回表示するプログラム】
> ```
> for i in range(3):
>     print(i+1, '回目のこんにちは')
> ```
>
> 【実行結果】
> **1 回目のこんにちは**
> **2 回目のこんにちは**
> **3 回目のこんにちは**

range() も Python の命令の 1 つで，数値が複数設定されたリストを作成するものです。「range
(3)」と記述すると，0 〜 2 の数字を持つリストである [0, 1, 2] が作成されます。そして，for 文
で処理が繰り返される際に，リストの値が 0 から順に変数 i に代入されるしくみになっています。

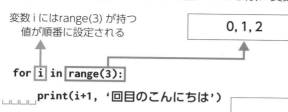

変数 i には range(3) が持つ
値が順番に設定される

`0, 1, 2`

```
for i in range(3):
    print(i+1, '回目のこんにちは')
```

range(3) が持つ値の数である，
3 回処理が繰り返される

	変数 i に 代入される値	表示される文字
処理 1 回目：	0	1 回目のこんにちは
処理 2 回目：	1	2 回目のこんにちは
処理 3 回目：	2	3 回目のこんにちは

【大事な用語】
for文，配列，リスト，range()

1 次の Python プログラムを実行すると「ショートケーキ」は何回表示されるか答えましょう。

```
for i in range(5):
    print('ショートケーキ')
```

2 次の Python プログラムを実行すると表示される文字を答えましょう。

```
for first_name in ['太郎', '花子', '翔太']:
    print(first_name, 'さんこんにちは')
```

もっとくわしく

さまざまな数列が作れる「range()」

Python では，for 文と range() の組み合わせがよく使われます。range() は () で指定する数字によって，作成される数列が変わります。

たとえば range(5) は，「0, 1, 2, 3, 4」という 5 つの数字が設定されたリストが作成されます。このとき，数字は 0 から始まることに注意しましょう。もし 1 から始まるようにしたければ，range(1, 6) とします。range(1, 6) のように () 内で 2 つ数字を指定した場合，1 つ目が「始まりの数字」を表し，2 つ目が「いくつ未満までの数値でリストを作るか」を表します。さらに，+2 ずつした数値にしたい場合は，range(1, 10, 2) のように増やしたい数値を 3 つ目に指定します。

このように，range() を使うとさまざまな数列を作成できます。

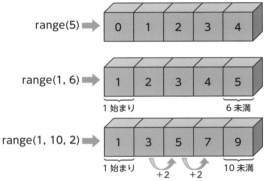

復習テスト ❻

得点

／100点

1

次の Python プログラムを実行した結果，画面に表示される値を 2 つ答えなさい。

【10点】

```python
print(9 * 11)
print(38 / 2)
```

〔　　　　　　　　　　〕

2

次の Python プログラムは，3 教科（英語，国語，数学）のテストの平均点を求めるプログラムである。A にあてはまる語句または記号を答えなさい。

【10点】

```python
english = 88
japanese = 75
math =65
sum = english + japanese + math
average_score = A / 3
print(average_score)
```

〔　　　　　　　　　　〕

3

次の Python プログラムは，変数 num の値が偶数かどうかを判定するプログラムである。A にあてはまる語句または記号を答えなさい。

【10点】

```python
num = int(input('整数を入力してください'))
if  A:
    print('num は偶数です')
else:
    print('num は奇数です')
```

〔　　　　　　　　　　〕

4

次のフローチャートの処理を実現する Python のプログラムを記述しなさい。

【40点】

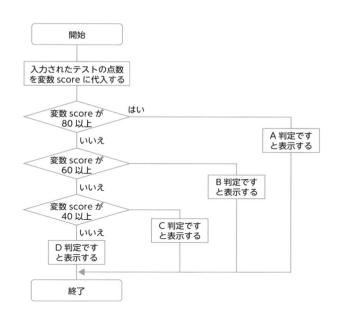

```
score = int(input('テストの
        点数を入力してください'))
```

5

次の Python プログラムを実行すると，「1，4，9，16，25，36，49，64，81，100」という 10 個の数値が表示される。A にあてはまる語句または記号を答えなさい。

【15点】

```
for i in range( A ):
    print(i**2)
```

〔　　　　　　　　　〕

6

次の Python プログラムを実行すると，「1月，2月，3月…11月，12月」のように，12 個の月が表示される。A にあてはまる語句または記号を答えなさい。

【15点】

```
for i in range(12):
    A
```

〔　　　　　　　　　〕

Pythonを使ってみよう!

☺ Google Colaboratoryでの Pythonの実行方法

Google Colaboratory（グーグルコラボラトリー）は，Google が提供している Web ブラウザ上でPython のコードを実行できるツールです。利用には Google アカウントが必要なので，Google アカウントを持っていない場合は事前に「https://accounts.google.com/」より作成してください。Google Colaboratory は次の手順で使用することができます。

① 以下の URL から，Google Colaboratory にアクセスします。
https://colab.research.google.com/

② 画面にある「ノートブックを新規作成」をクリックします。なお，画面左上の「ファイル」から「ノートブックを新規作成」でも同様の画面になります。

③ 画面のセルに自分が実行したいプログラムを入力します。なお，Google Colaboratory の「セル」とは，プログラムなどを記述するための入力エリアのことです。

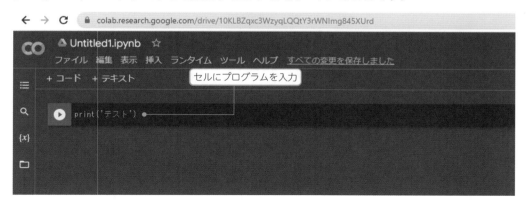

④ セルの左側に表示されている「セルを実行（▶のボタン）」を押すと，セルに入力されているプログラムが実行されます。

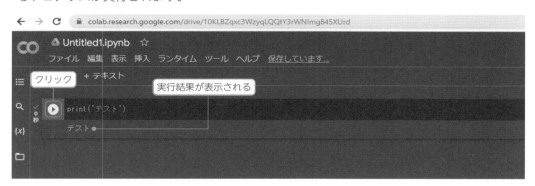

⑤ 続けて別のプログラムを実行したい場合，画面左上に表示されている「＋コード」をクリックすると，新しいセルが追加されます。

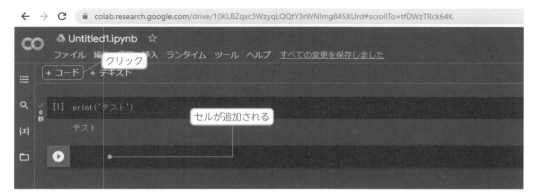

高校情報Ⅰをひとつひとつわかりやすく。

監修
岡嶋裕史

執筆・編集協力
株式会社リブロワークス

編集協力
株式会社シナップス
株式会社ダブル ウイング

カバーイラスト
坂木浩子

キャライラスト
タケウチユキ

本文イラスト
株式会社ユニックス

ブックデザイン
山口秀昭（Studio Flavor）

DTP
株式会社四国写研

高校情報Ⅰを
ひとつひとつわかりやすく。

解答と解説

Gakken

01 情報って何だろう？

本文7ページ

1 次の問題に答えましょう。

(1) 現象や様子を文字に置き換えたものを何といいますか。

〔 データ 〕

(2) (1)に価値や意味を付与したものを何といいますか。

〔 情報 〕

(3) 情報を一般化して問題解決に役立つよう蓄積したものを何といいますか。

〔 知識 〕

2 情報の特長について，次の問題に答えましょう。

(1) 「使用したり相手に伝えたりしてもなくならない」性質のことを何といいますか。

〔 残存性 〕

(2) 「簡単にコピーできる」性質のことを何といいますか。

〔 複製性 〕

(3) 「容易に広く伝わる」性質のことを何といいますか。

〔 伝播性 〕

02 人間社会における技術の発展

本文9ページ

1 次の問題に答えましょう。

(1) 動物を狩ったり魚を捕まえたりして生活していた社会のことを何といいますか。

〔 狩猟社会 〕

(2) 農作物を栽培して生活していた社会のことを何といいますか。

〔 農耕社会 〕

(3) 工場などで機械を使って商品を大量に製造して消費する社会のことを何といいますか。

〔 工業社会 〕

(4) 農耕社会から工業社会への転換のきっかけになった社会の変化を何といいますか。

〔 産業革命 〕

(5) コンピュータやインターネットの発達により，情報のやりとりが人間の営みの中心となった社会のことを何といいますか。

〔 情報社会 〕

03 創作物の利用ルール①〜知的財産権

本文11ページ

1 知的財産の説明として最も適切なものを，次のア〜エから選び，記号で答えましょう。

ア 家電や家具，洋服といったあらゆる製品のことである。
イ 土地や貴金属などの物質的な財産ではないが，財産として価値のあるもの。
ウ 発明やデザインなどは含まれない。
エ 各家庭で持っている資産のこと。

〔 イ 〕

2 知的財産を保護するために，創作を行った人（創作者）に与えられる権利を何といいますか。

〔 知的財産権 〕

3 次の（ ）にあてはまる語句を答えましょう。

知的財産権には，産業や研究開発に関する〔 産業財産権 〕と，文章や絵といった文化に関する〔 著作権 〕があります。

4 次の（ ）にあてはまる語句を答えましょう。

産業財産権は特許庁に届けて認められれば権利が発生します。これを〔 方式主義 〕といいます。一方，知的財産権のひとつである著作権は，届け出や登録が不要で，創作した時点で権利が発生します。これを〔 無方式主義 〕といいます。

04 創作物の利用ルール②〜産業財産権

本文13ページ

1 産業財産権について，次の問題に答えましょう。

(1) 産業財産権のうち，新しい技術や発明を保護するための権利を何といいますか。

〔 特許権 〕

(2) (1)の権利が保護される期間は，出願から何年でしょうか。

〔 20 年 〕

(3) 産業財産権のうち，形状や配置といった構造を保護するための権利を何といいますか。

〔 実用新案権 〕

(4) 産業財産権のうち，形状や色といったデザインを保護するための権利を何といいますか。

〔 意匠権 〕

(5) 産業財産権のうち，商品やサービスを識別するためのマークを保護するための権利を何といいますか。

〔 商標権 〕

(6) 産業財産権のうち，保護期間の登録を更新することが可能な権利は何でしょうか。

〔 商標権 〕

05 創作物の利用ルール③〜著作権 本文15ページ

1 次の〔　〕にあてはまる語句や数字を答えましょう。

著作権は、大きく〔**ア** 著作者の権利〕と〔**イ** 著作隣接権〕に分けられ、〔**ア**〕は〔**ウ** 著作者人格権〕と著作権（財産権）から成り立ちます。著作権（財産権）は、基本的に著作者が創作したときに発生し、著作者の死後〔**エ** 70〕年間存続します。このように、著作権が存続する期間のことを〔**オ** 保護期間〕といいます。

2 著作権上問題がないものを、次のア〜エからすべて選び、記号で答えましょう。

ア　レポートを書く際の参考資料として、図書館にある書籍を一部、コピー機で印刷した。
イ　著名な作家の小説を無断で、営利目的で上演した。
ウ　録画したテレビ番組を、無断で動画共有サイトにアップロードした。
エ　友人が描いたイラストを、友人から使用許可をもらって、文化祭のポスターに利用した。

〔　ア，エ　〕

06 個人情報の取り扱いには要注意 本文17ページ

1 個人情報における「基本四情報」を、次のア〜クから選び、記号で答えましょう。

ア　氏名　　イ　住所　　ウ　電話番号　　エ　顔写真
オ　性別　　カ　生年月日　キ　血液型　　ク　学歴

〔　ア，イ，オ，カ　〕

2 写真や動画などに埋め込まれている位置情報（経度と緯度）のことを何といいますか。

〔　ジオタグ　〕

3 個人情報保護法の説明として最も適切なものを、次のア〜エから選び、記号で答えましょう。

ア　個人情報には、マイナンバーは含まれない。
イ　個人情報には、虹彩や指紋といった生体情報は含まれない。
ウ　個人情報を取り扱う事業者や行政機関に対して、個人情報の取り扱いを定めた法律。
エ　個人情報を扱わないことを推奨するために制定された法律。

〔　ウ　〕

4 勝手に写真を撮られたり自分の写真を勝手に使われたりしない権利を何といいますか。

〔　肖像権　〕

5 著名人が名前や写真を勝手に使われない権利を何といいますか。

〔　パブリシティ権　〕

07 情報技術が築いている社会 本文19ページ

1 次の問題に答えましょう。

(1)　いろいろな役割を担うコンピュータ間をネットワークでつないで互いに連携させることで、機能やサービスを提供するものを何といいますか。

〔　情報システム　〕

(2)　スーパーやコンビニエンスストアで誰がどの商品をいつ購入したか、という情報を記録するシステムのことを何といいますか。

〔　POSシステム　〕

(3)　貨幣の価値をデジタルデータで表したものを何といいますか。

〔　電子マネー　〕

(4)　(3)を用いた決済を何といいますか。

〔　電子決済　〕

08 情報技術がもたらす「未来」 本文21ページ

1 次の問題に答えましょう。

(1)　判断や認識といった知能をコンピュータで人工的に再現する技術のことを何といいますか。

〔　人工知能（AI）　〕

(2)　あらゆる「もの」をインターネットにつなぐことで、インターネット経由での制御を行えるようにする技術のことを何といいますか。

〔　IoT　〕

(3)　スマートフォンの普及などによって収集できるようになった、さまざまな性質を持った膨大なデータのことを何といいますか。

〔　ビッグデータ　〕

(4)　コンピュータによって仮想的な空間や映像を作り出す技術のことを何といいますか。

〔　VR（仮想現実）　〕

(5)　コンピュータが現実の環境にさまざまな情報を与えて現実を拡張する技術のことを何といいますか。

〔　AR（拡張現実）　〕

09 情報技術がもたらす「影」

本文23ページ

1 次の問題に答えましょう。

(1) 情報機器を長時間使用することで生じる目や肩の疲れや，コンピュータを使いこなせないことで感じてしまうストレスのことを何といいますか。

〔 テクノストレス 〕

(2) インターネットに夢中になってしまい，日常生活に支障をきたしている状態を何といいますか。

〔 インターネット依存（ネット依存） 〕

2 デジタルデバイドが発生している例として最も適切なものを，次のア～エから選び，記号で答えましょう。

ア　あるクラスでは通学に10分しかかからない人と1時間かかる人がいる。
イ　あるクラスでは，自宅にインターネット接続環境がある生徒とない生徒がいる。
ウ　あるスーパーでは特売品の情報を店内にあるチラシとWebサイトの双方で公開している。
エ　ある不動産会社では，不動産についての問い合わせを電話と来店でのみ受け付けている。

〔 イ 〕

10 さまざまなメディアの特性とは？

本文27ページ

1 情報を伝えるための媒体や仲介役のことを何といいますか。

〔 メディア 〕

2 次の表は，伝達メディア，表現メディア，記録メディアの具体例をまとめたものです。①～③として適切なものを，次のア～カから2つずつ選び，記号で答えましょう。

伝達メディア	①
表現メディア	②
記録メディア	③

ア　USBメモリ　イ　音声　ウ　紙
エ　書籍　オ　文字　カ　チラシ

①：〔 エ，カ 〕　②：〔 イ，オ 〕　③：〔 ア，ウ 〕

3 次の情報を伝えるために適しているメディアをそれぞれ答えましょう。

① 仕事の契約といった重要な情報　　〔 文字 〕

② スポーツやダンスのような動きがある情報　〔 動画 〕

③ 急ぎで伝えるべき情報　　〔 電話 〕

11 メディアは多くの発展を遂げてきた

本文29ページ

1 特定の発信者が不特定多数に対して一方通行で情報を発信するメディアを何といいますか。

〔 マスメディア 〕

2 インターネット上で不特定多数の発信者が双方向に情報発信を行うことで作り上げられるメディアを何といいますか。

〔 ソーシャルメディア 〕

3 メディアを通じて取得した情報の信ぴょう性を調査したり，その情報を活用したりする力を何といいますか。

〔 メディアリテラシー 〕

4 次のア～エのメディアを，マスメディアとソーシャルメディアのどちらかに分類しましょう。

ア　SNS
イ　テレビ
ウ　雑誌
エ　電子掲示板

マスメディア：〔 イ，ウ 〕　ソーシャルメディア：〔 ア，エ 〕

5 次のア～エのメディアを，誕生した順番に並べましょう。

ア　インターネット
イ　紙
ウ　文字
エ　テレビ

〔 ウ 〕→〔 イ 〕→〔 エ 〕→〔 ア 〕

12 コミュニケーションを分類すると？

本文31ページ

1 次の〔　　〕にあてはまる，コミュニケーションの形態を答えましょう。

コミュニケーションの形態を発信者と受信者の人数によって分類する場合，たとえば，街頭調査やアンケートは〔 多数 対 1 〕，会議やグループディスカッションは〔 多数 対 多数 〕に分類されます。

「もっとくわしく」を読んでチャレンジ！

2 以下の表はコミュニケーションの分類を示したものです。この表の①～④にあてはまるコミュニケーションの例を，次のア～エから選び，記号で答えましょう。

	同期的	非同期的
1対1	①	②
1対多数	③	④

ア　AさんがBさんに電話した。
イ　スケートの試合をテレビの生中継で観た。
ウ　Cさんが動画共有サイトにアップロードした動画を観た。
エ　チャットアプリを使って，DさんがEさんにメッセージを送信した。

①：〔 ア 〕②：〔 エ 〕③：〔 イ 〕④：〔 ウ 〕

13 インターネットのコミュニケーション 本文33ページ

1 次の問題に答えましょう。

(1) インターネット上のコミュニケーションが持つ，氏名や住所といった個人情報を隠して情報のやりとりを行える性質を何といいますか。

〔　　　匿名性　　　〕

(2) インターネット上のコミュニケーションが持つ，情報のやりとりが記録されている性質を何といいますか。

〔　　　記録性　　　〕

2 下の図にあるア，イにあてはまる語句を答えましょう。

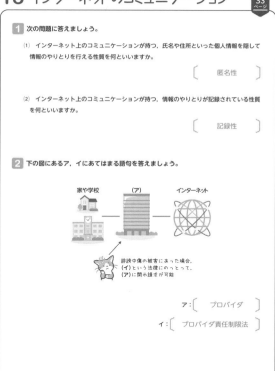

家や学校　　（ア）　　インターネット

誹謗中傷の被害にあった場合，（イ）という法律にのっとって，（ア）に開示請求が可能

ア：〔　　　プロバイダ　　　〕

イ：〔　プロバイダ責任制限法　〕

14 情報デザインの手法とは？ 本文35ページ

1 情報を取捨選択したり，見栄えを調整したりするなど，情報が相手に伝わりやすいようにデザインすることを何といいますか。

〔　　情報デザイン　　〕

2 以下の表は情報をわかりやすくする手法ごとに，例をまとめたものです。この表の①～③にあてはまる例を，次のア～カから2つずつ選び，記号で答えましょう。

手法	代表的な例
抽象化	①
可視化	②
構造化	③

ア　Webサイトの階層メニュー　イ　グラフ
ウ　ピクトグラム　　　　　　　エ　箇条書きを使った文書
オ　ある店舗までの地図　　　　カ　表

①：〔　ウ，オ　〕　②：〔　イ，カ　〕　③：〔　ア，エ　〕

15 Webサイトを誰でも使いやすく 本文37ページ

1 次の〔　　〕にあてはまる語句を答えましょう。

人がものを操作する際に実際に見たり触れたりする部分のことを

〔　ユーザインタフェース　〕といいます。そして，幅広い人々にとっての情報やサービスのアクセスのしやすさを表すものを〔　アクセシビリティ　〕といいます。たとえばWebサイトに画像を掲載する場合，音声読み上げソフトウェアが読み取れるように〔　代替テキスト　〕を設定しておくとよいでしょう。またアクセスのしやすさを確保した前提で，使いやすいかどうかを表す尺度を，〔　ユーザビリティ　〕といいます。

2 あるWebサイトで表示された以下の画面の改善案として最も適切なものを，次のア～エから選び，記号で答えましょう。

確認
編集内容を破棄しますか？
キャンセル　OK

ア　「OK」を「登録する」に変更する。
イ　「OK」を「破棄する」に変更する。
ウ　「OK」のボタンを削除する。
エ　「編集内容を破棄しますか？」を「編集内容をキャンセルしますか？」に変更する。

〔　イ　〕

16 誰もが生活しやすい社会に 本文39ページ

1 年齢や国籍，障がいの有無などに関係なく，さまざまな人によって使いやすいように配慮したデザインのことを何といいますか。

〔　ユニバーサルデザイン　〕

2 障壁を取り除く考え方のことを何といいますか。

〔　バリアフリー　〕

3 UDフォントの説明として最も適切なものを，次のア～エから選び，記号で答えましょう。

ア　国際的に広く知られているフォント。
イ　複数の言語で利用できるフォント。
ウ　読み間違いがしにくいようにデザインされたフォント。
エ　ロゴや商標などで使うためにデザインされたフォント。

〔　ウ　〕

17 コンピュータを構成する5つの装置

本文43ページ

1 次のア～オは，コンピュータの5つの装置の説明です。どの装置の説明なのかをそれぞれ答えましょう。

ア キーボードやマウスなどによって入力された命令や，データを記憶する装置。
イ コンピュータに対して実施してほしいことを入力するための装置。
ウ 処理された結果を出力するための装置。
エ ほかの装置が互いにうまく動作するように制御する装置。
オ 命令を処理したり計算したりする装置。

ア：[記憶装置]　イ：[入力装置]　ウ：[出力装置]

エ：[制御装置]　オ：[演算装置]

2 次の問題に答えましょう。

(1) コンピュータの物理的な装置のことを何といいますか。

[ハードウェア]

(2) 演算装置と制御装置をまとめて何といいますか。

[中央処理装置（CPU）]

18 コンピュータを動かす「ソフトウェア」

本文45ページ

1 次のア～イにあてはまる語句を答えましょう。

webブラウザや表計算，文書作成といった特定の機能を提供するために作られたソフトウェアのことを〔 ア 〕といいます。また，〔 ア 〕を動作させるためにコンピュータの内部で動作し，ハードウェア資源の管理なども担うソフトウェアのことを〔 イ 〕といいます。

ア：[応用ソフトウェア]　イ：[基本ソフトウェア]

「もっとくわしく」を読んでチャレンジ！

2 OSの役割でないものを次のア～エから選び，記号で答えましょう。

ア CPUが実施する処理順序の制御を行う。
イ Webサイトの閲覧機能を提供する。
ウ ソフトウェアとハードウェアの仲介を担う。
エ メーカーごとのハードウェア差異を吸収する。

[イ]

19 デジタルって何だろう？

本文47ページ

1 次の空欄にあてはまる語句を答えましょう。

空気や音，温度，湿度など，連続していて切れ目のわからない量を表す言葉を[アナログ]といいます。一方，連続している量を一定の間隔で区切って表した数値のことを[デジタル]といいます。

2 「デジタル」の特徴として最も適切なものを，次のア～エから選び，記号で答えましょう。

ア 情報の編集や加工が容易ではない。
イ 複製の際に情報の劣化がしやすい。
ウ 画像や動画といった異なる形式の情報も統合的に扱える。
エ 微細な表現が得意。

[ウ]

3 デジタルであるものを，次のア～エから選び，記号で答えましょう。

ア 秒針と目盛りで時刻を表す時計
イ 画面に表示した数字で体温を表す電子体温計
ウ 針と目盛りで重さを表す体重計
エ ものさし

[イ]

20 デジタルにおける情報の表し方

本文49ページ

1 次の〔　〕にあてはまる語句や数字を答えましょう。

デジタルでは，すべての情報を数値の0と1で表します。連続する量をデジタルなデータに変換することを[デジタル化]といいます。そして，0と1の組み合わせだけで数を表現する方法を[2進法]，2進法で表した数値を[2進数]といいます。また，2進数の[1]桁で表せる情報量をビット（bit）といいます。

2 次のア～クの情報のうち，1ビットで表せるものを3つ選び，記号で答えましょう。

ア 東西南北
イ 磁石のN極とS極
ウ スイッチのオンとオフ
エ 成績表の5段階評価
オ 前後左右
カ コインの表と裏
キ 信号機の赤・黄・青
ク 気温

[イ，ウ，カ]

21 大きな情報量を表す単位

本文 51 ページ

1 次の問題に答えましょう。

(1) 32 ビットは何バイトですか。

[4 バイト]

(2) 10 バイトは何ビットですか。

[80 ビット]

(3) 2048 バイトは何キロバイトですか。

[2 キロバイト]

(4) 3 メガバイトは何キロバイトですか。

[3072 キロバイト]

(5) 1 メガバイトは何バイトですか。

[1048576 バイト]

22 コンピュータの計算のしくみ ①

本文 53 ページ

1 次の〔　　　〕にあてはまる語句を答えましょう。

コンピュータで 0 と 1 という 2 つの状態をもとに計算を行う回路を

〔 論理回路 〕といいます。そして，2 つの入力が両方とも 1（オン）の場合のみ，

出力も 1 になる回路のことを〔 論理積（AND）回路 〕といいます。

2 AND 回路について，次の問題に答えましょう。

(1) 図記号をかきましょう。

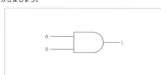

(2) 真理値表の空欄を埋めましょう。

入力		出力
A	B	L
0	0	[0]
0	1	[0]
1	0	[0]
1	1	[1]

23 コンピュータの計算のしくみ ②

本文 55 ページ

1 次の 2 つの回路について，真理値表の空欄を埋めましょう。

入力		出力
A	B	L
0	0	[0]
0	1	[1]
1	0	[1]
1	1	[1]

入力	出力
A	L
0	[1]
1	[0]

24 2 進数の計算をしてみよう!

本文 57 ページ

1 以下の 2 進数の計算をしましょう。

(1) $0_{(2)} + 0_{(2)} =$ [$0_{(2)}$]

(2) $0_{(2)} + 1_{(2)} =$ [$1_{(2)}$]

(3) $1_{(2)} + 0_{(2)} =$ [$1_{(2)}$]

(4) $1_{(2)} + 1_{(2)} =$ [$10_{(2)}$]

2 $101_{(2)}$ は，10 進数だといくつになりますか。〔10 進数と 2 進数の関係〕を参考にして求めましょう。

[5]

3 10 進数の 9 は，2 進数だといくつになりますか。〔10 進数と 2 進数の関係〕を参考にして求めましょう。

[$1001_{(2)}$]

4 $110_{(2)} + 100_{(2)}$ は，いくつになりますか。

[$1010_{(2)}$]

25 10進数を2進数に変換するには？

1 次の問題に答えましょう。

(1) 10進数の25は，2進数だといくつになりますか。

[11001(2)]

(2) 10進数の60は，2進数だといくつになりますか。

[111100(2)]

(3) 10進数の123は，2進数だといくつになりますか。

[1111011(2)]

(4) 101001(2)は，10進数だといくつになりますか。

[41]

(5) 1000110(2)は，10進数だといくつになりますか。

[70]

26 2進数を表現するほかの方法

1 次の問題に答えましょう。

(1) 1100(2)は，16進数だといくつになりますか。

[C]

(2) 10100010(2)は，16進数だといくつになりますか。

[A2]

(3) 12(16)は，2進数だといくつになりますか。

[10010(2)]

(4) EA(16)は，2進数だといくつになりますか。

[11101010(2)]

27 コンピュータ内での文字の表し方

1 次の①～③はそれぞれどの文字コードの説明なのか，次のア～ウからそれぞれ選び，記号で答えましょう。

① 日本語に対応しており，1文字を1～2バイトで表現するコード。
② 世界中のさまざまな文字に対応したコード。
③ 半角のアルファベット，数字，記号に対応した文字コード。

ア ASCIIコード　　イ シフトJISコード　　ウ Unicode

①:[イ]　②:[ウ]　③:[ア]

2 文字化けについての説明で最も適切なものを，次のア～エから選び，記号で答えましょう。

ア あるコンピュータで入力した文字を別のコンピュータで表示する際に必ず起きる現象。
イ もとの文字コードと異なる文字コードを使って文字を表示した際に，正しく表示されない現象。
ウ 同じ機種のコンピュータ同士であれば，文字化けは起こらない。
エ 別の機種で絵文字を表示する際にのみ正しく表示されない現象。

[イ]

28 コンピュータ内での音の表し方

1 「音」について最も適切な説明を，次のア～エから選び，記号で答えましょう。

ア 空気の振動が波として伝わったもの。
イ 空気の振動が光として伝わったもの。
ウ 中性子の移動が波として伝わったもの。
エ 中性子の移動が光として伝わったもの。

[ア]

2 次のア～ウはそれぞれ，音のデジタル化のどの工程の説明なのかを答えましょう。

工程	処理の概要
ア	アナログの電気信号から一定の間隔で波の高さを取り出す。
イ	波の高さの近似値を割り出す。
ウ	量子化された数値を2進数に変換する。

ア:[標本化]　イ:[量子化]　ウ:[符号化]

3 サンプリング周波数について最も適切な説明を，次のア～エから選び，記号で答えましょう。

ア 1秒間に標本化する回数のことであり，単位はヘルツである。
イ 1秒間に標本化する回数のことであり，単位はメガバイトである。
ウ 1秒間に量子化する回数のことであり，単位はヘルツである。
エ 1秒間に量子化する回数のことであり，単位はメガバイトである。

[ア]

29 高音質って何だろう？

本文67ページ

1 音のデジタル化の説明として，最も適切なものを次のア〜エから選び，記号で答えましょう。

ア　標本化周期が大きいほど，もとの波形に近くなる。
イ　サンプリング周波数が低いほど，もとの波形に近くなる。
ウ　量子化ビット数が大きいほど，もとの波形に近くなる。
エ　標本化周期や量子化ビット数は，音質には関係がない。

〔　ウ　〕

「もっとくわしく」を読んでチャレンジ！

2 PCM方式で記録された音声データで，サンプリング周波数が30000 Hz，量子化ビット数が8ビット，チャンネル数が1である1分間の音声データは何バイトになりますか。

この音声のデータ量は　　30000×8×1×60 ビット
1バイトは8ビットなので　　30000×8×1×60÷8＝1800000 バイト

〔　1800000 バイト　〕

30 コンピュータにおける色の表現

本文69ページ

1 次の〔　　〕にあてはまる語句を答えましょう。

パソコンやスマートフォンのディスプレイにおける色は，〔　光　〕の三原色で表現されています。色を重ねていくことで白色に近づく表現方法であり，このことを〔　加法混色　〕といいます。一方，書籍やチラシといった印刷物における色は，〔　色　〕の三原色で表現されています。色を重ねていくことで黒色に近づく表現方法であり，このことを〔　減法混色　〕といいます。

2 ディスプレイにおける色の表現の説明として最も適切なものを，次のア〜エから選び，記号で答えましょう。

ア　シアン，レッド，グリーンの3色の組み合わせで表現されている。
イ　シアン，レッド，イエローの3色の組み合わせで表現されている。
ウ　レッド，グリーン，ブルーの3色の組み合わせで表現されている。
エ　レッド，グリーン，イエローの3色の組み合わせで表現されている。

〔　ウ　〕

3 印刷物における色の表現の説明として最も適切なものを，次のア〜エから選び，記号で答えましょう。

ア　シアン，マドリッド，イエローの3色の組み合わせで表現されている。
イ　シトリン，マゼンタ，イエローの3色の組み合わせで表現されている。
ウ　CMYに黒色のインクを追加した，CMYKの4色のインクで印刷することが多い。
エ　CMYに白色のインクを追加した，CMYWの4色のインクで印刷することが多い。

〔　ウ　〕

31 コンピュータ内での画像の表し方

本文71ページ

1 「画素」についての説明で最も適切なものを，次のア〜エから選び，記号で答えましょう。

ア　デジタル画像の明るさの単位。
イ　デジタル画像に埋め込まれている日付情報。
ウ　デジタル画像に埋め込まれている位置情報。
エ　デジタル画像を構成する最小の単位。

〔　エ　〕

2 画像をデジタル化する流れとして最も適切なものを，次のア〜エから選び，記号で答えましょう。

ア　標本化→符号化→符号化
イ　標本化→量子化→符号化
ウ　量子化→標本化→符号化
エ　量子化→符号化→標本化

〔　イ　〕

3 「階調」についての説明で最も適切なものを，次のア〜エから選び，記号で答えましょう。

ア　1インチあたりの画素数のこと。
イ　アナログの電気信号から一定の間隔で取り出した，波の高さのこと。
ウ　画像のデジタル化の際に割り当てる，色の濃淡の段階のこと。
エ　画素の集合として表現する画像形式のこと。

〔　ウ　〕

32 解像度を高くするには？

本文73ページ

1 画像の解像度の説明として最も適切なものを，次のア〜エから選び，記号で答えましょう。

ア　解像度とは，色の段階値のことである。
イ　解像度とは，画像の明るさのことである。
ウ　解像度が高いほど，画像のきめが細かくなる。
エ　解像度が低いほど，画素数は多い。

〔　ウ　〕

2 デジタル画像で表現できる色数として最も適切なものを，次のア〜エから選び，記号で答えましょう。

ア　RGB2階調の場合は2通りの色を表現できる。
イ　RGB2階調の場合は4通りの色を表現できる。
ウ　RGB256階調の場合は約2560通りの色を表現できる。
エ　RGB256階調の場合は約1677万通りの色を表現できる。

〔　エ　〕

33 ネットワークって何だろう？
本文 77 ページ

1 情報通信ネットワークの説明として最も適切なものを，次のア〜エから選び，記号で答えましょう。

ア　人と人が情報をやりとりするつながりのこと。
イ　街じゅうに張り巡らされた交通網のこと。
ウ　単語同士の関連性を示したもの。
エ　回線によってコンピュータ同士が互いに通信できるようにしたもの。

〔　エ　〕

2 情報通信ネットワークではないものを，次のア〜エから選び，記号で答えましょう。

ア　街なかにある Wi-Fi
イ　鉄道の路線図
ウ　スマートフォンの電話回線
エ　ケーブルテレビの回線

〔　イ　〕

3 次のア〜エにあてはまる語句を答えましょう。

自宅や学校といった，比較的限られた範囲のネットワークを〔　ア　〕といいます。一方，学校間や会社間といった地理的に離れたコンピュータ同士をつなぐ，〔　ア　〕より広いネットワークを〔　イ　〕といいます。そして，〔　イ　〕同士や通信事業者が持つ回線などによって世界規模でつながったネットワークのことを〔　ウ　〕といい，自宅から〔　ウ　〕に接続するには〔　エ　〕との契約が必要です。

ア：〔　LAN　〕　　イ：〔　WAN　〕
ウ：〔　インターネット　〕　　エ：〔　プロバイダ (ISP)　〕

34 ネットワークの構築に必要なもの
本文 79 ページ

1 5G の説明として最も適切なものを，次のア〜エから選び，記号で答えましょう。

ア　自宅や学校からのインターネット接続を提供する事業者のこと。
イ　スマートフォンなどがインターネット接続する際に使われる無線。
ウ　比較的限られた範囲内のネットワークのこと。
エ　ネットワークの通信が可能な家電のこと。

〔　イ　〕

「もっとくわしく」を読んでチャレンジ！

2 ルーティングに関する次の文を読み，正しいものには○，誤っているものには×を書きましょう。

⑴　異なるネットワーク同士をつなげる装置のことをルータという。

〔　○　〕

⑵　ルーティングテーブルには経路の情報が登録されている。

〔　○　〕

⑶　ルーティングでは目的のコンピュータまでの経路は 1 つに決まっている。

〔　×　〕

35 ネットワークの接続形態は？
本文 81 ページ

1 インターネットへの接続を有線 LAN で行う際，設置する集線装置を何といいますか。〔　〕にあてはまるものを，次のア〜エから選び，記号で答えましょう。

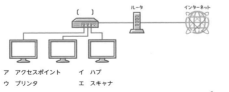

ア　アクセスポイント　　イ　ハブ
ウ　プリンタ　　エ　スキャナ

〔　イ　〕

2 無線 LAN の説明として最も適切なものを，次のア〜エから選び，記号で答えましょう。

ア　ケーブルやルータの設置場所といった物理的な制約を受けやすい。
イ　世界規模でつながったネットワークのことである。
ウ　アクセスポイントからの電波が届かないと接続できない。
エ　有線 LAN と比較して安定した通信を行える。

〔　ウ　〕

3 Wi-Fi の説明として最も適切なものを，次のア〜エから選び，記号で答えましょう。

ア　有線 LAN の別称である。
イ　無線 LAN の別称である。
ウ　電気通信事業者の一種である。
エ　プロバイダの一種である。

〔　イ　〕

36 データを運ぶ方式は2つある！
本文 83 ページ

1 次の〔　〕にあてはまる語句を答えましょう。

通信相手との回線を独占的に確保したうえで通信を行う方式を〔　回線交換方式　〕といいます。一方，データをパケットと呼ばれる断片に分割して通信する方式を〔　パケット交換方式　〕といいます。

2 データをパケットに分割して通信する方式について，正しいものには○，誤っているものには×を書きましょう。

⑴　データを一度パケットにしてしまうと，もとの情報に復元することはできない。

〔　×　〕

⑵　通信速度が常に安定している。

〔　×　〕

⑶　異なる通信相手へのパケットを同じ回線上に混在させることが可能。

〔　○　〕

37 通信には「約束ごと」がある

1 SMTP とは何を行うプロトコルか，最も適切なものを次のア～エから選び，記号で答えましょう。

ア　Web ページの通信を行う。
イ　遠隔地にあるコンピュータを操作する。
ウ　ファイル転送を行う。
エ　メールの送信を行う。

〔　エ　〕

2 TCP/IP の4階層モデルにおいて，階層が分かれていることによるメリットを次のア～エから選び，記号で答えましょう。

ア　1つの回線に複数のデータを混在できること。
イ　Web ページの色や大きさをデザインできること。
ウ　通信したい内容に合わせてプロトコルの組み替えが可能なこと。
エ　不正アクセスを防止できること。

〔　ウ　〕

---

38 通信相手を特定する「IPアドレス」

1 IP アドレスに関する次の文を読み，正しいものには○，誤っているものには×を書きましょう。

(1)　IP アドレスは，IP ネットワークにおいて，通信相手を識別するための番号である。

〔　○　〕

(2)　IP アドレスは，SMTP によって提供されるしくみである。

〔　×　〕

(3)　スマートフォンには，IP アドレスは割り当てられない。

〔　×　〕

(4)　プライベート IP アドレスは，インターネット上で1つに確定する番号である。

〔　×　〕

2「1110110　10010111　10010010　00000001」という IP アドレスを，10進数を使った表記に直しましょう。

〔　118.151.146.1　〕

---

39 Webページが閲覧できるしくみ

1 Web サイトを閲覧する際の流れになるように，次のア～エを並べ替えましょう。

ア　Web ブラウザが，受け取った Web ページを表示する。
イ　Web サーバが，Web ページのデータを送る。
ウ　Web ブラウザで URL を入力する。
エ　Web ブラウザが，Web サーバへアクセスする。

〔　ウ　〕→〔　エ　〕→〔　イ　〕→〔　ア　〕

「もっとくわしく」を読んでチャレンジ！

2 クライアントサーバシステムの**メリットとはいえないもの**を，次のア～エから選び，記号で答えましょう。

ア　処理の負荷が分散できる。
イ　トラブルの発生時に原因の切り分けがしやすい。
ウ　クライアントとサーバで，別々に機能をアップデートできる。
エ　Web ページ上に画像を挿入できる。

〔　エ　〕

---

40 URLの構成は？

1 以下の URL の①～③が表すものを，次のア～ウから選び，記号で答えましょう。

https://www.corp-gakken.co.jp/index.html
①　　　　②　　　　　③

ア　パス名　　イ　ドメイン名　　ウ　スキーム名

①:〔　ウ　〕②:〔　イ　〕③:〔　ア　〕

2 ドメイン名について，正しいものには○，誤っているものには×を書きましょう。

(1)　ドメイン名は使っている Web ブラウザの IP アドレスに対応した文字列である。

〔　×　〕

(2)　ドメイン名と IP アドレスの対応付けを管理するしくみを DNS という。

〔　○　〕

41 Webページって何で作られているの？

1 次のア～ウにあてはまる語句を答えましょう。

Webページは，〔 ア 〕と呼ばれる記法を使って記述されたテキストファイルがもとになっています。Webブラウザは〔 イ 〕より受け取った〔 ア 〕を解析することでWebページを表示します。Webページの色や大きさなどのデザインは，〔 ア 〕に対して〔 ウ 〕を使うことで行います。

ア：〔　HTML　〕　イ：〔　Webサーバ　〕　ウ：〔　CSS　〕

2 Webページの作成において，①～④を行うタグは，次のア～エのうちのどれに該当するかを記号で答えましょう。

①ハイパーリンクを作成する。　　②画像を挿入する。
③見出しを作成する。　　④入力欄やボタンを作成する。

ア `<h1>`　イ `<input>`　ウ `<img>`　エ `<a>`

①：〔 エ 〕　②：〔 ウ 〕　③：〔 ア 〕　④：〔 イ 〕

---

42 ネットワークの通信速度を表す方法

1 次の〔　〕にあてはまる語句を答えましょう。

通信速度は，1秒間に1ビットのデータを送れるなら〔 1 〕bps，1秒間に100ビットのデータを送れるなら〔 100 〕bpsと表せます。

2 200000bpsは何Mbpsになるか，答えましょう。

〔 0.2 Mbps 〕

3 10 Mbpsの回線で伝送効率が90%の場合，3 MBのデータの転送時間はいくつになるか，答えましょう。なお，答えは小数点以下第3位を四捨五入して答えてください。

$$3 [MB] \div \left(10 [Mbps] \times \frac{90}{100}\right) = \frac{3 \times 1024 \times 1024 \times 8 [bit]}{9 \times 1000 \times 1000 [bps]} = 約 2.796 [秒]$$

〔 2.80 [秒] 〕

---

43 情報技術を利用した犯罪とは？

1 サイバー犯罪の種類をまとめた表について，空欄にあてはまるものを，次のア～ウから1つずつ選び，記号で答えましょう。

サイバー犯罪の種類	犯罪の例
不正アクセス禁止法違反	〔 イ 〕
コンピュータ・電磁的記録対象犯罪	〔 ウ 〕
ネットワーク利用犯罪	〔 ア 〕

ア　電子掲示板での犯行予告
イ　他人のユーザIDやパスワードを無断で使用する行為
ウ　企業のWebサイトのデータを勝手に書き換える行為

2 フィッシング詐欺の説明として最も適切なものを，次のア～エから選び，記号で答えましょう。

ア　ネットワークを通じて，他人の口座から自身の口座に勝手に入金する行為。
イ　偽のWebサイトに誘導してクレジットカード番号などを入力させる行為。
ウ　所持していないものをネットオークションに出品する行為。
エ　ショッピングサイトで偽物のブランド品を販売する行為。

〔 イ 〕

3 URLを一度クリックしただけで購入や契約をしたとして高額な請求を行う詐欺のことを，何といいますか。最も適切なものを，次のア～エから選び，記号で答えましょう。

ア　還付金詐欺　　イ　金融商品詐欺
ウ　ランサムウェア　　エ　ワンクリック詐欺

〔 エ 〕

---

44 情報セキュリティって何だろう？

1 次の図は，情報セキュリティを維持するために，確保が必要な3つの要素を表したものです。〔　〕にあてはまる語句を答えましょう。

〔 完全 〕性
情報の一貫性を確保すること

〔 機密 〕性
情報に対して決まった人しかアクセスできないようにすること

〔 可用 〕性
必要なときにその情報を使える状態を確保すること

2 情報セキュリティポリシーの説明として最も適切なものを，次のア～エから選び，記号で答えましょう。

ア　Webサイトで行われる認証のしくみ。
イ　企業や組織がセキュリティ対策の具体的な方法や行動指針をまとめたもの。
ウ　セキュリティ対策がされているかを検査するためのチェック項目をまとめたもの。
エ　ユーザIDとパスワードをWebサイトごとにまとめたもの。

〔 イ 〕

45 情報の機密性を守る「暗号化」

本文
101
ページ

1 共通鍵暗号方式を表す以下の図について，以下のア～イに「公開鍵」または「秘密鍵」のいずれかを答えましょう。

送信者　　　　　　　　　　受信者

平文 → 暗号文　②暗号文を送信　暗号文 → 平文

①(ア) を用いて暗号化　　③(イ) を用いて復号

ア：〔　秘密鍵　〕　イ：〔　秘密鍵　〕

2 公開鍵暗号公式について<u>適切ではない</u>説明を，次のア～エから選び，記号で答えましょう。

ア　暗号化に使う鍵は内密に受け渡す必要がある。
イ　通信相手ごとに鍵を作る必要がない。
ウ　共通鍵暗号方式に比べて鍵の配布はしやすい。
エ　共通鍵暗号方式より暗号化と復号の処理速度は遅い。

〔　ア　〕

3 Aさんが，ある文章を公開鍵暗号方式で暗号化してBさんへ送った場合，Bさんが復号に用いる鍵は何か，次のア～エから選び，記号で答えましょう。

ア　Aさんの公開鍵
イ　Aさんの秘密鍵
ウ　Bさんの公開鍵
エ　Bさんの秘密鍵

〔　エ　〕

46 さまざまな情報セキュリティ対策手法

本文
103
ページ

1 不正アクセスを遮断するために，LANとインターネットの接続点に配置する装置を何といいますか。次のア～エから選び，記号で答えましょう。

ア　HTML　　　　　　　　イ　アクセスポイント
ウ　ハブ　　　　　　　　　エ　ファイアウォール

〔　エ　〕

2 ユーザIDとパスワードの管理の説明で最も適切なものを，次のア～エから選び，記号で答えましょう。

ア　パスワードには，誕生日や地名などを含めるとよい。
イ　ほかのWebサイトで登録したユーザIDとパスワードは使いまわさないほうがよい。
ウ　パスワードは覚えやすいように，なるべく短い文字列にするとよい。
エ　パスワードは忘れないように，同じものを使い続けるとよい。

〔　イ　〕

3 ウイルス対策の説明で<u>誤っている</u>ものを，次のア～エから選び，記号で答えましょう。

ア　ウイルス対策ソフトウェアはマルウェアの検知や駆除を行える。
イ　マルウェアは続々と新しいものが出現している。
ウ　ウイルスのパターンファイルは更新する必要はない。
エ　機密性や完全性の確保には，ウイルス対策ソフトウェアの導入が有効である。

〔　ウ　〕

4 情報技術を使わずに，人的ミスや不注意につけ込んで，情報を盗む手法を何といいますか。次のア～エから選び，記号で答えましょう。

ア　DNS　　　　　　　　イ　ソーシャルエンジニアリング
ウ　フィルタリング　　　　エ　プロバイダ

〔　イ　〕

47 「問題」って何で起こるの？

本文
107
ページ

1 問題解決の進め方として，次のア～オを最も適切な順番に並べ替えましょう。

ア　解決案を検討する。
イ　解決案を決定し，実行する。
ウ　解決案を実行した結果を振り返る。
エ　問題解決のゴールを考える。
オ　問題がどこにあるかを明らかにする。

〔　オ　〕→〔　エ　〕→〔　ア　〕→〔　イ　〕→〔　ウ　〕

2 A君は野球部に所属していますが，「野球が上達しない」ことを問題に感じています。この問題を解決するために，最初に実施するべきことは何でしょうか。最も適切なものを，次のア～エから選び，記号で答えましょう。

ア　ひたすら素振りの練習を行う。
イ　朝練の時間を延ばす。
ウ　「試合での打率を3割にする」という目標を定める。
エ　「素振りの回数を増やす」「ランニングの時間を延ばす」といった案を考える。

〔　ウ　〕

48 問題の解決策を探る方法は？

本文
109
ページ

1 ブレーンストーミングでは以下の4つのルールを守る必要があります。このルールの名称をそれぞれ答えましょう。

ア　他人の意見に便乗し，発展させる。　　〔　結合改善　〕

イ　自由に発想し，自由に発言すること。　〔　自由奔放　〕

ウ　他人の意見を批判しないこと。　　　〔　批判厳禁　〕

エ　アイデアは多ければ多いほどよい。　〔　質より量　〕

2 Aさんのクラスでは，「卵を使った創作料理」というテーマで調理実習を行うことになりました。それにあたって，作る料理のアイデアを集めるためにブレーンストーミングを行いました。

司会：「卵を使った創作料理」について，アイデアがある人は発言をお願いします。
ア　Aさん：私はオムレツが好きなので，何か変わった具材を入れたオムレツを作ってみたいと考えています。
イ　Bさん：キムチを入れたオムレツとかいいかも。
ウ　Aさん：キノコを入れたオムレツも食べてみたいです。
エ　Cさん：私は，卵の天ぷらを作ってみたいです。
オ　Bさん：それは嫌だな。
カ　Aさん：温泉卵を使った料理を考えてもいいかもしれませんね。

ブレーンストーミングとしては不適切な発言を，上記のア～カから選び，記号で答えましょう。

〔　オ　〕

49 データ分析の流れを知ろう！

本文111ページ

1 Aさんは合唱コンクールの集客に，過去の合唱コンクールの来場客データを役立てることができないかと考えています。このデータを分析する際の進め方として，次のア〜ウを適切な順番に並べ替えましょう。

ア　コンクールの来場客のデータを過去10年間分集める。

イ　性別と年代別に，来場客のデータをグラフにまとめる。

ウ　データに欠損値などがないかを確認し，存在する場合は対応を行う。

〔 ア 〕→〔 ウ 〕→〔 イ 〕

2 オープンデータの特徴として誤っているものを，次のア〜エから選び，記号で答えましょう。

ア　無償で利用できる。

イ　機械判読に適した形式である。

ウ　営利目的で利用することはできない。

エ　誰でも容易に利用できるよう公開されている。

〔 ウ 〕

3 次の空欄に適する語を答えましょう。

分析のためにデータを収集した際，必要なデータが一部欠けている〔 欠損値 〕や，ほかのデータの傾向から大きく離れた値である〔 外れ値 〕が存在することがあります。そのため，分析をする前にそれらのデータを分析対象外にするといった対応が必要です。

50 「グラフ」でデータ分析をする

本文113ページ

1 以下のグラフの種類を答えましょう。

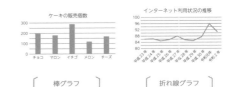

ケーキの販売個数　　インターネット利用状況の推移

〔 棒グラフ 〕　　〔 折れ線グラフ 〕

2 次のケースにおいて，使用するグラフが適切なものには〇，不適切なものには×を書きましょう。

(1) Aさんは「全都道府県の中で年間降水量が最も多いのはどこか」を調べるために，「都道府県別の年間降水量」を折れ線グラフで表した。

〔 × 〕

(2) Bさんは「日本が輸入している小麦における，国別の輸入割合」を調べるために，「小麦の国別の輸入量」を円グラフで表した。

〔 〇 〕

51 2つの変数の関係性を探る

本文115ページ

1 「年間降水量」をX軸，「傘の販売本数」をY軸として散布図にしたものが，以下のグラフです。このグラフから読み取れるものとして最も適切なものを，次のア〜ウから選び，記号で答えましょう。

ア　正の相関がある

イ　負の相関がある

ウ　相関がない

〔 ア 〕

2 「気温」をX軸，「使い捨てカイロの販売個数」をY軸として散布図にしたものが，以下のグラフです。このグラフから読み取れるものとして最も適切なものを，次のア〜ウから選び，記号で答えましょう。

ア　正の相関がある

イ　負の相関がある

ウ　相関がない

〔 イ 〕

3 相関係数の説明について，正しいものには〇，誤っているものには×を書きましょう。

(1) 相関係数が0の場合，相関がないといえる。

〔 〇 〕

(2) 相関係数が2の場合，正の相関があるといえる。

〔 × 〕

52 「データベース」って何だろう？

本文117ページ

1 次の情報システムでは，どのようなデータを管理する必要があると考えられますか。空欄にあてはまるものを，以下のア〜カから2つずつ選び，記号で答えましょう。

情報システム	管理が必要なデータ	
図書貸出システム	〔 ア 〕	〔 カ 〕
インターネットバンキング	〔 イ 〕	〔 ウ 〕
動画配信サイト	〔 エ 〕	〔 オ 〕

ア　書籍のステータス（貸し出し中・在庫あり）

イ　口座情報

ウ　入出金の履歴

エ　動画

オ　動画の閲覧履歴

カ　蔵書情報

53 データベースの基本機能を知ろう

本文119ページ

1 データの追加や更新，削除といった，データベースに対する命令のことを何といいますか。最も適切なものを，次のア～エから選び，記号で答えましょう。

ア　アクセスポイント
イ　クエリ
ウ　フィードバック
エ　ルータ

〔 イ 〕

2 データの以下の性質を保つための DBMS の機能を，次のア～ウから選び，記号で答えましょう。

データの性質	DBMS の機能
整合性	〔 ウ 〕
一貫性	〔 ア 〕
機密性	〔 イ 〕

ア　データのロック機能
イ　データの操作はアクセス権限を持つ人しかできないようにする機能
ウ　想定していない形式のデータの登録を防ぐ機能

54 リレーショナルデータベースとは？

本文121ページ

1 次のリレーショナルデータベースにおいて，(1)～(3)の文章で〔 〕内の正しいほうを選び，○で囲みましょう。なお，蔵書テーブルの主キーは「書籍番号」，著者テーブルの主キーは「著者コード」であり，蔵書テーブルの「著者コード」は著者テーブルの「著者コード」を参照する外部キーに設定されています。

蔵書テーブル

書籍番号	書籍名	著者コード
202304001	走れメロス	A001
202304002	こころ	A003
202304003	友情	A004
202304004	舞姫	A002

著者テーブル

著者コード	著者名
A001	太宰治
A002	森鷗外
A003	夏目漱石
A004	武者小路実篤
A005	宮沢賢治

(1) 「書籍番号：202304003，書籍名：斜陽，著者コード：A001」の行データは蔵書テーブルに〔 追加できる ・ (追加できずエラーになる) 〕。

(2) 蔵書テーブルで著者コードが〔 A002 ・ (A003) 〕のデータは，著者が夏目漱石であることを表す。

(3) 蔵書テーブルで書籍番号が〔 202304001 ・ (202304004) 〕のデータは，著者が森鷗外であることを表す。

55 「モデル化」はとても大切!

本文123ページ

1 モデル化の手順として最も適切なものを，次のア～ウから選び，記号で答えましょう。

ア　モデルを数式や図で表現する→モデルの構造を決める→モデル化の目的を決める
イ　モデル化の目的を決める→モデルの構造を決める→モデルを数式や図で表現する
ウ　モデルの構造を決める→モデル化の目的を決める→モデルを数式や図で表現する

〔 イ 〕

2 次の場合に使用するモデルとして最も適切なものを，次のア～エから選び，記号で答えましょう。

実現したいこと	使用するモデル
部屋の模様替えがしたい	〔 イ 〕
人体について学びたい	〔 ア 〕
乗り換えする駅を調べたい	〔 ウ 〕
待ち合わせ場所を伝えたい	〔 エ 〕

ア　人体模型　　イ　部屋の間取り図
ウ　路線図　　エ　地図

56 対象に合わせて「モデル」を選ぼう

本文125ページ

1 次のア～ウのモデルを，物理モデル，図的モデル，数式モデルに分類しましょう。

ア　ベン図　　　　　イ　三角形の面積を求める公式　　ウ　陳列用の食品サンプル

物理モデル：〔 ウ 〕　　図的モデル：〔 ア 〕　　数式モデル：〔 イ 〕

2 次のア～イのモデルを，静的モデルと動的モデルに分類しましょう。

ア　地球儀　　　イ　銀行の窓口の待ち時間

静的モデル：〔 ア 〕　　動的モデル：〔 イ 〕

3 次のア～イのモデルを，確定的モデルと確率的モデルに分類しましょう。

ア　加湿器の残りの水量　　イ　おみくじ

確定的モデル：〔 ア 〕　　確率的モデル：〔 イ 〕

57 私たちはアルゴリズムを用いて生活している 本文129ページ

1 「アルゴリズム」の説明として最も適切なものを次のア～エから選び，記号で答えましょう。

ア プログラムで扱うデータのこと。
イ コンピュータで演算を行う装置のこと。
ウ 目的を達成したり問題を解決したりするための計算手順や処理手順のこと。
エ 足し算や引き算，代入，比較といった処理を行うために用いる記号のこと。

〔 ウ 〕

2 「紅茶を入れる」アルゴリズムをフローチャートで表したとき，当てはまる番号をフローチャートに記入しましょう。

① ティーポットからティーカップへ紅茶を注ぐ
② ティーポットに茶葉を大さじ一杯入れる
③ 紅茶を蒸らす
④ お湯を沸かす
⑤ ティーポットにお湯を入れる

```
開始
④
②
⑤
③
①
終了
```

58 アルゴリズムを表す基本構造とは？ 本文131ページ

1 次の〔　〕にあてはまる，用語を答えましょう。

すべてのアルゴリズムは，順番に処理を行う〔 順次 〕構造，条件によって処理が分岐する〔 分岐 〕構造，条件によって処理を繰り返す〔 反復 〕構造という，3つの制御構造の組み合わせで表現できます。

2 次の「朝食を決める」アルゴリズムを，フローチャートで表しましょう。

冷蔵庫に牛乳がある場合はシリアルを食べ，
冷蔵庫に牛乳がない場合は白米を食べる。

3 次の「スーパーのレジ打ち業務」アルゴリズムを，フローチャートで表しましょう。

① 赤いカゴの中にある商品を1つ手に取る。
② 手に取った商品のバーコードを読み取る。
③ バーコードを読み取った商品を，黄色いカゴに入れる。
④ 赤いカゴの中にある商品が0になるまで①～③を繰り返す。

```
開始
繰り返し
赤いカゴの中に商品がある間
赤いカゴの中の商品を
1つ手に取る
手に取った商品のバーコードを
読み取る
バーコードを読み取った商品を
黄色いカゴに入れる
繰り返しの終了
終了
```

59 プログラミングって何だろう？ 本文133ページ

1 次の〔　〕にあてはまる，用語を答えましょう。

プログラムを作成することを〔ア プログラミング 〕といい，〔ア〕に使う言語のことを〔イ プログラミング言語 〕といいます。〔イ〕の1つである〔ウ Python 〕は初学者にも取り組みやすい文法であり，人工知能や機械学習で利用されることが多いのが特徴です。

2 プログラムはそのままではコンピュータが直接実行できないので，ある言語に翻訳されたうえで実行されます。「ある言語」として最も適切なものを次のア～エから選び，記号で答えましょう。

ア C
イ Java
ウ JavaScript
エ 機械語

〔 エ 〕

3 次のPythonプログラムの実行結果を答えましょう。

```
Print('プログラミング言語')
```

〔 プログラミング言語 〕

60 データを格納する「変数」 本文135ページ

1 次の〔　〕にあてはまる，用語を答えましょう。

プログラムで扱うデータを格納する領域のことを〔ア 変数 〕といい，〔ア〕に値を当てはめることを〔イ 代入 〕といいます。

2 次のPythonプログラムの実行結果を答えましょう。

```
kotae = '答えは'
a = 8
b = 10
print(kotae,a+b)
```

〔 答えは18 〕

61 処理を分岐する「if文」

本文137ページ

1 次の Python プログラムについて，次の問題に答えましょう。

```
age = int(input('年齢を入力してください'))
if age >= 65:
    print('高齢者です')
elif age >= 18:
    print('成人です')
else:
    print('未成年です')
```

ア　変数「age」が 19 の場合，画面に表示される文字として適切なものを選び，○で囲みましょう。

[高齢者です・(成人です)・未成年です・何も表示されない]

イ　変数「age」が 17 の場合，画面に表示される文字として適切なものを選び，○で囲みましょう。

[高齢者です・成人です・(未成年です)・何も表示されない]

62 処理を繰り返す「for文」

本文139ページ

1 次の Python プログラムを実行すると「ショートケーキ」は何回表示されるか答えましょう。

```
for i in range(5):
    print('ショートケーキ')
```

[5回]

2 次の Python プログラムを実行すると表示される文字を答えましょう。

```
for first_name in ['太郎', '花子', '翔太']:
    print(first_name,'さんこんにちは')
```

[太郎 さんこんにちは　　花子 さんこんにちは　　翔太 さんこんにちは]

復習テスト ❶ （本文24〜25ページ）

1
① ウ　② イ
③ ア

解説

①「集合場所への地図」という情報を容易に複数のクラスメイトに伝えられていることは，情報の「容易に相手に伝わる」性質によるものです。したがって，答えはウとなります。

②議事録ファイルをパソコン上でコピーしていることは，「情報の簡単にコピー（複製）できる」性質によるものです。したがって，答えはイとなります。

③ SNS で広がった情報の削除が困難であることは，情報の「使用したり相手に伝えたりしてもなくならない」性質によるものです。したがって，答えはアとなります。

2
① ウ　② ア
③ イ

解説

①電話機メーカーのロゴマークは，商品やサービスを識別するためにスマートフォンに記載されています。このようなマークやブランドのロゴ（図形や記号など）は，商標権によって保護されます。したがって，答えはウとなります。

②長寿命で小型化されたリチウムイオン電池は，「高度な発明」とされるものです。このように，新しい技術や発明は特許権によって保護されます。したがって，答えはアとなります。

③スマートフォンのボタンの配置や形状，色といった，もののデザインは意匠権によって保護されます。したがって，答えはイとなります。

3
ウ

解説

ア　著作権は届け出や登録が不要で，創作した時点で権利が発生します（無方式主義）。一方，産業財産権は特許庁に届けて認められれば権利が発生します（方式主義）。

イ　産業財産権は，産業や研究開発に関する権利です。

ウ　正しい記述です。

エ　実用新案権は，特許権と比べてライフサイクルが短いものを対象とします。

4
イ

解説

引用する場合は，出所を明示する必要があります。そのため Web サイトから情報を引用する場合は，対象のページの URL や Web サイト名を明示するべきです。この文書では「ある Web サイトから引用すると」としか記述されておらず，出所が明らかにされていません。したがって，答えはイとなります。

5
ウ

解説

ア　プライバシーは法律では制定されておらず，過去の裁判の判決（判例）で認められている権利です。

イ　肖像権は，勝手に写真を撮られたり自分の写真を勝手に使われたりしない権利のことをいいます。

ウ　正しい記述です。

エ　プライバシーは法律では制定されていませんが，過去の裁判の判決（判例）で認められている権利です。肖像権があるので，たとえ友人であっても，友人が写った写真を SNS へ投稿する際は注意する必要があります。

1 ウ

解説

ア CDやDVD，USBメモリといった情報を記録するメディアは，記録メディアといいます。

イ 文章の内容や情報の信ぴょう性などを確認せずに，個人が気軽に発信できるブログやSNSなどは，フェイクニュースが生じやすい傾向にあります。

ウ 正しい記述です。

エ 不特定多数の人が双方向に情報発信することで作り上げられるメディアを，ソーシャルメディアといいます。

2 イ

解説

Bさんは，テレビ，書籍，インターネットのようにさまざまな媒体から情報を集め，内容を照合しています。このように，情報の信ぴょう性を高められるクロスチェックの手法は，情報収集において有効です。

3 イ

解説

ア 緊急の場合に，相手からすぐに反応がある同期コミュニケーションである電話を使用するのは適切といえます。

イ 契約の取り交わしなどの重要な内容の場合は，後で内容を確認できるようにするため，文書で残しておく必要があります。電話では，契約の内容について，今後確認することができなくなってしまうため不適切です。

ウ 来月の予定であり緊急性は低いので，非同期コミュニケーションであるメールでの連絡は適切といえます。

エ 現在の祖母の様子を確認したいため，同期コミュニケーションであるビデオ通話を使用するのは適切といえます。

4 ① ウ ② ア
③ イ

解説

①イベントの会場や予約方法，入場料といったように伝えるべき情報が多い場合は，情報の構造を整理する手法である「箇条書き」を使うとわかりやすくまとめられます。これは「構造化」と呼ばれる手法です。したがって，答えはウとなります。

②意味を視覚的に伝える絵文字であるピクトグラムを使用しています。これは「抽象化」と呼ばれる手法です。したがって，答えはアとなります。

③売り上げデータを棒グラフにして，情報を視覚的に表現しています。これは「可視化」と呼ばれる手法です。したがって，答えはイとなります。

5 ウ，エ

解説

エラーメッセージには「必須項目が入力されていません」としか記載されておらず，どの項目を入力しなかったことでエラーが生じたのかがわかりません。また入力の際に，どの項目が必須項目なのかが明示されていないので，入力漏れが発生しやすい画面になっています。入力項目の横に「必須マーク」を付けたり，任意の回答欄は色を変えたりするなどの工夫をすると，より操作性が高くなります。したがって答えは，ウとエとなります。

6 エ

解説

ユニバーサルデザインとは，年齢や国籍，障がいの有無などにも関係なく，誰にとっても使いやすいデザインのことです。

復習テスト ③ (本文74～75ページ)

1 エ

解説

コンピュータの5つの基本装置とは，入力装置，記憶装置，演算装置，出力装置，制御装置の5つを指します。したがって，答えはエとなります。

2 応用ソフトウェア：イ，ウ，エ
基本ソフトウェア：ア

解説

Webブラウザ，動画編集ソフトウェア，チャットアプリなどは応用ソフトウェアです。一方で，OSのような，ハードウェアと応用ソフトウェアを仲介するソフトウェアを基本ソフトウェアといいます。

3 4096曲

解説

GBとMBの単位を揃えてから計算します。

32[GB]×1024＝32768[MB]

32768[MB]÷8[MB]＝4096[曲]

4 16A

解説

2進数から16進数への変換を行うにはまず，2進数を4ビットずつ区切ります。

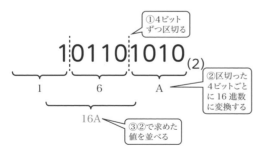

したがって，答えは16Aとなります。

5

入力		出力
A	B	Y
0	0	0
0	1	1
1	0	1
1	1	0

解説

論理回路の入力であるAとBに，上記の表にしたがって，0か1を当てはめて考えます。

・A=0， B=0

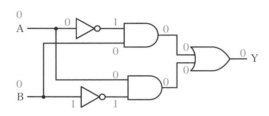

・A=0， B=1

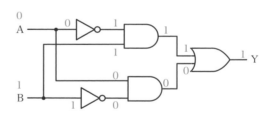

・A=1， B=0

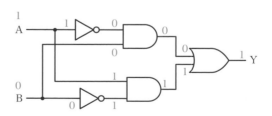

・A=1， B=1

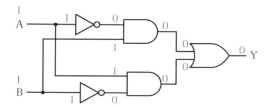

なおこの論理回路は，**排他的論理和**（はいたてきろんりわ）と呼ばれる回路です。排他的論理和とは，2つの入力どちらか一方のみが1である場合に出力が1となる回路のことです。

6 ウ

ア　解像度が高いほど画像のきめは細かくなります。

イ　階調が多いと表現できる色の数は多くなります。

ウ　正しい記述です。

エ　解像度の単位でよく使われるのは，dpi です。

7 288 キロバイト［KB］

ビットマップ画像のデータ量は，次の公式で求められます。

> ビットマップ画像のデータ量
> ＝1画素あたりのデータ量×画素数

まずは上記の公式に当てはめて，データ量を求めます。

3［bit］×1024×768＝2359296［bit］

次に単位を bit から KB に換算します。

2359296÷8［byte］÷1024［KB］＝288［KB］

したがって，答えは288［KB］となります。

8 84,375 キロバイト［KB］

PCM 方式の場合，1秒あたりのデータ量は，次の公式で求められます。

> 1秒あたりのデータ量［bit］
> ＝ サンプリング周波数×量子化ビット数

まずは上記の公式に当てはめて，1秒あたりのデータ量を求めます。

48000［Hz］×24［bit］＝1152000［bit］

さらに，チャンネル数と録音時間をかけ，単位の換算をすると次の式になります。

1152000［bit］×2［チャンネル］×300［秒］
　　　　÷8［byte］÷1024［KB］＝84375［KB］

したがって，答えは84375［KB］となります。

1
① ア　② エ
③ ウ　④ イ

解説

学校や会社からインターネットに接続するには，一般にプロバイダとの契約が必要です。したがって，③はプロバイダです。プロバイダと，学校や会社の間である②には，異なるネットワーク同士をつなげる役割を持つルータを設置します。

会社の有線 LAN では，ルータに多数のコンピュータが物理的なケーブルで接続されています。そのため④には，集線装置であるハブを設置します。

一方で，学校ではケーブルではなく電波で接続する無線 LAN になっているので，①にはアクセスポイントを設置します。

2

プロトコル	働き	TCP/IP の4 階層モデル
IMAP	ウ	ク
TCP	エ	キ
IP	イ	オ
イーサネット	ア	カ

解説

TCP/IP による通信では，4 階層モデルという概念がベースになっています。また，TCP/IP のプロトコル群はすべて，4 つのいずれかの階層に属しています。

3
ウ

解説

データをパケットに分割して送信することで 1 つの大きなデータに回線を占有されることがなくなり，多数のコンピュータが 1 つの回線で同時に通信しやすくなります。したがって，答えはウとなります。

4
42Mbps

解説

データの送信時間は次の公式で求められます。

$$データの送信時間[秒] = データ量[bit] ÷ (通信速度[bps] × \frac{伝送効率[\%]}{100})$$

求めたい通信速度を X とし，上記の公式に当てはめて求めます。

$$5[秒] = \frac{20×1024×1024×8[bit]}{X[bps]×0.8}$$

$$X = 41943040[bps]$$

次に，単位を bps から Mbps に変換します。

41943040[bps] ÷ 1000 ÷ 1000 = 41.94304 [Mbps]

小数点第一位を四捨五入すると，42Mbps になります。したがって，20MB を最低 5 秒で送信するには，最低 42Mbps の回線が必要なことがわかります。

5
イ

解説

セキュリティ対策として，ユーザ ID やパスワードの漏えいを防ぐためには，ユーザ ID やパスワードには短すぎる文字列や誕生日などの推測されやすい文字列にしないことが重要です。イはパスワードを社員番号という他人に推測されやすい文字列にしているため，不適切です。

6
ウ

解説

ア　共通鍵暗号方式では，特定の人しか持っていない鍵（秘密鍵）を使用します。

イ　共通鍵暗号方式では，通信相手ごとに鍵を作成する必要があります。

ウ　正しい記述です。

エ　公開鍵暗号方式では，受信者は受信者の秘密鍵を使って復号します。

1 ウ

解説

Plan（計画）→ Do（実行）→ Check（評価）→ Act（改善）という4つのプロセスを何度も繰り返して，理想と現実のギャップを埋めていく手法を，PDCAサイクルといいます。

ア 「テスト勉強を進めている」ことから，Do（実行）に該当します。

イ 「勉強の計画を立てる」ことから，Plan（計画）に該当します。

ウ 「計画通り進められなかった部分を整理して，振り返りを行う」ことから，Check（評価）に該当します。

エ 「振り返りの結果をもとに，次のテストに向けた計画を立てる」ことから，Act（改善）に該当します。

したがって，答えはウとなります。

2 イ

解説

ブレーンストーミングは，あるテーマについてルールを守りながら複数人が自由に発言することで，多くのアイデアを集める会議形式のことです。ルールは次の4つがあげられます。

①批判厳禁

②自由奔放

③質より量

④結合改善

イでは，Bさんの提案に対してCさんが「それはやりたくない」という批判的な発言をしており，これは①の批判厳禁のルールに反しています。したがって，答えはイとなります。

3 エ

解説

「体重」と「肥満度（BMI）」のように，2つの変数の相関関係を分析するのに適したグラフは「散布図」

です。したがって，答えはエとなります。

4 エ

解説

積み上げ棒グラフから，エの「長野県の男性の通勤・通学時間が40分」であることが読み取れます。ア〜ウはグラフから読み取れる内容とは異なる記述です。したがって，答えはエとなります。

5 ウ

解説

一方の処理が終わるまでもう一方の処理を待たせて，データの一貫性を保持するDBMSの機能をロックといいます。したがって，答えはウとなります。

6 静的モデル：ア，エ
動的モデル：イ，ウ

解説

静的モデルと動的モデルは，対象が時間で変動するかどうかによって分類できます。静的モデルは「時間で変化しない現象」のモデル，動的モデルは「時間で変化する現象」のモデルのことです。

したがって，時間で変化しないアの「バスの路線図」とエの「人体模型」が「静的モデル」といえます。そして，イの「月別降水量の予測」とウの「スーパーのレジの待ち時間」は月や時間によって変動するため「動的モデル」といえます。

復習テスト ❻ (本文140～141ページ)

1　99, 19

解説

「*」は掛け算，「/」は割り算を行う演算子です。そのためこのプログラムは9×11と38÷2という計算を行った結果をprint()で画面に表示していることがわかります。したがって，答えは99と19になります。

2　sum

解説

平均点は「合計点÷教科数」で求められます。プログラムの5行目で，Aを教科数の3で割った値を変数average_scoreに代入していることから，平均点はプログラムの5行目で求めていることがわかります。つまり，Aには3教科の合計点が代入されているので，答えはsumとなります。

3　num % 2 == 0

解説

ある整数が偶数か奇数かは，ある整数を2で割り，余りが0の場合は偶数，余りが1の場合は奇数というように判定できます。プログラムの実行時に入力された数は変数numに代入されているため，この数を2で割った余りが0かどうかで条件分岐させれば，偶数か奇数かを判定できることがわかります。割り算の余りを求める演算子は「%」，両辺が等しいことを意味する演算子は「==」です。したがって，答えはnum % 2 == 0となります。

4

```
score = int(input('テストの点数を
                  入力してください'))
if score >= 80:
    print('A 判定です')
elif score >= 60:
    print('B 判定です')
elif score >= 40:
    print('C 判定です')
else:
    print('D 判定です')
```

解説

まず，変数scoreが80以上であることは，if文の条件で演算子「>=」を使うことで判定できます。次に，変数scoreが80以上という条件を満たさない場合は「変数scoreが60以上かどうか」を判定しています。このように，if文の条件を満たさない場合のそれ以降の条件判定はelif句を使います。最後に，これまでの条件をどれも満たさない場合の「D 判定です」と表示する処理は，else句を使うことで実現できます。

5　1, 11

解説

プログラムの2行目で，べき乗を行う演算子「**」が使われていることと，問題文に記載された内容から，実行結果は1から10までの数をそれぞれ2乗したものであることがわかります。range()では，1始まりの連番を作成する場合，()内で1つ目に「1」，2つ目に連番の最後の数に1を加えた数を指定する必要があります。このプログラムの場合，10個の数字が表示されるため，2つ目の数は「11」となります。したがって，答えは「1, 11」となります。

6　print(i+1, '月')

解説

range()に数を1つ指定しているので，0から始まり，指定された数より1少ない値までの数が作成されます。そのためこのプログラムのrange(12)では「0，1，2，3，4，5，6，7，8，9，10，11」というリストが作成されます。

実行結果は「1月」から始まり「12月」で終わっていることから，変数iに1を足し，それに「月」を付け加えて表示する処理を，Aに記述する必要があります。

Pythonのprint()では()内で「,」区切りに文字や変数を並べることで，指定した複数の文字を並べて表示できます。したがって，答えはprint(i+1, '月')となります。

③

24